「即戦力」シリーズ　本郷孔洋・田中　弘　編著

税務会計の基礎

戸田龍介
藤田晶子
今田正紀
早川　優
井上　功
浅岡勇夫
四方田彰
市川琢也
石川孔紀
田中和也
本郷孔洋
田中　弘　著

税務経理協会

「即戦力シリーズ」刊行にあたって

神奈川大学教授　田中　弘

自分のバランス・シートを持とう

　少し前までは，就職するにも，就職した後も，経済や財務などの「知識の量」が問われました。それが最近では，「使える知識かどうか」，つまり「知識の質」が重視されるようになってきました。

　企業は，新入社員にも中堅社員にも「即戦力」を求めるようになってきたのです。

　これから経済社会で活躍する皆さんには，「自分のバランス・シート」を持って，自分の持っている即戦力とその力の源泉を示すことが求められているのです。

ＭＢＡもライセンスも──ベースは会計学

　「知識の質を高める」には，大学院に行ってＭＢＡ（経営学修士）を取る，日商簿記検定やアナリストの資格を取る……などいろいろな道があります。どの道を選ぼうとも，出発点とベースは「会計（ACCOUNTING）」の知識です。そうしたことから，この「即戦力シリーズ」で，読者の皆さんに，会計とその関連領域の「最新知識」を吸収していただきたいと思います。

いま求められているのは「即戦力」

　知識はすぐに陳腐化します。携帯やパソコンなどは，それまでの知識や技術が２－３年で役に立たなくなります。経営や財務の知識も同じです。常に知識を更新（コンピューター用語で言えば，「書き換え」）し続けなければ世界の動きについていけなくなるのです。

　本書を手にされた皆さん。ぜひ，このシリーズで，経済社会で活躍するのに必要な「最新の即戦力」を身につけていただきたいと思います。

税の知識を味方につけよう

　税に関する知識があるかないかでは，ビジネスにも個人の経済生活にも大きな違いが出ます。税を正しく理解しているか税を誤解しているかでは，もっと大きな差がつきます。

　この本は，「**税務会計の基礎**」を，できるだけ身近な例を使って紹介したものです。

●納税者の義務と権利
　税は「義務」だけではありません。税を払った者（個人も法人も）には「納税者の権利」があるのです。その権利がどういうものかを知らないと，権利を行使することもできません。本書で，**納税者の義務**と**納税者の権利**を学んでください。

　本書は，4部構成になっています。PART 1 では，「**会計と税金の関係**」を学びます。ここでは，「会計上の利益の計算と税金の計算はどのような関係になっているか」，「誰が何を根拠に誰に税を課すのか」「どういう税があるか」「税金はどうやって集めるのか」などを学びます。

●税務会計の基礎
　PART 2「**税務会計入門**」では，事業を行う個人・法人にとって代表的な税金である「所得税」，「法人税」，「事業税」の仕組みや企業決算との結びつきを学びます。

法人税に関しては，会計上の当期純利益と法人税等を合理的に期間対応することを目的として「**税効果会計**」という手続きが採られています。ここでは税効果会計の概要を紹介します。

　さらに，最近大きな話題を呼んでいる「**消費税**」について，その仕組みと問題点を明かにします。原則として消費税を負担するのは事業者ではなく，商品を消費したりサービスの提供を受ける消費者です。事業者は，消費者から消費税を預かり，これを申告して納付する義務を負います。ここでは，消費税の負担者（消費者）ではなく，納税義務者（消費税を計算・申告・納付する）としての事業者が，預かった消費税をどのように処理するかを説明しています。

　PART 2 で，納税者が税に関して正しい知識と理解をもつことの重要性を理解し，納税者にとって必要な正しい税の知識を学んでください。

●特論・補論
　PART 3 では，特論・補論として，3 つのことを取り上げます。1 つは，PART 1 のCHAPTER 1 で述べた「会計上の利益の計算と税金の計算」を特徴づけている「**確定決算主義**」について，その弊害と解決策を検討します。

　2 つ目は，わが国と同じ「確定決算主義」を取っているイギリス，ドイツ，フランスの会計と課税の仕組みを紹介し，わが国の制度改革の参考としたいと思います。

　3 つ目は，「中小企業のための会計基準」です。10 年ほど前から中小企業に適した会計基準作りが進められてきましたが，ここでは平成17年に公表された「**中小企業の会計に関する指針**」と同24年に公表された「**中小企業の会計に関する基本要領**」を紹介します。

●税理士の仕事と税理士の業界

　PART 4 では,「税理士の仕事」と「税理士業界の現状と課題」を紹介・検討します。

　税理士資格は,租税に関する事務を行うことを業とする唯一の「国家資格」です。税理士の仕事をするには,税理士の資格を持ち,その資格を登録していなければなりません。

　ここでは,どうすれば税理士資格を取得できるか,また資格を取ってから事務所を開く（開業といいます）にはどうすればよいか,を紹介します。

　本書の巻末に,「資料編」として,租税に関するいろいろなデータや,税務会計に必要な決算書・申告書などの写しを収録しています。みなさんのビジネスや経済生活に役立てていただければ幸いです。

●中小企業経営経理研究所と本書の関係

　本書は,神奈川大学に設置されている「中小企業経営経理研究所」の研究成果の一端です。この研究所は,神奈川大学の「プロジェクト研究所」の１つとして,田中が企画・提案して設立したものです。

　この研究所は,主として,中小企業の税務顧問を担当してきた税理士・公認会計士が,「税務顧問」という仕事から「経営指導（コンサルティング）」に軸足を移すには何をするべきか,何を学ぶべきか,どのように指導（コンサル）したらよいか,などなどをテーマに議論・研究・実践と反省をすることを目的として設立したものです。

表現を換えますと，現在のような不況期における中小企業の存続と発展を理論的・実践的に調査研究し，その成果をできるだけ実践可能かつ汎用性のあるモデルとして形成し，これを広く紹介することを目的として設置されたものです。

　理論的な研究や海外の事例などを参考にする必要から，研究者（大学教員）も参加しています。

　その研究・調査はいまだ十分とは言えませんが，少しずつ形になってきており，ここにその成果の一端として，「税と会計の基礎知識」をわかりやすく解説したものを公刊するものです。

　この研究所の研究会などでしばしば話題になったのは，中小企業経営者が会計や税に関して無関心な方が多いということでした。

　企業を健全に，かつ，永続的に経営していくには，会計という羅針盤が不可欠です。また，限られた資源（資本，材料，人材，土地など）を独占的に使うことや公共財（道路，港湾，消防，警察など）のサービスを享受する対価として負担すべき税金について，「納税者の義務」としての視点だけではなく，「納税者の権利」という視点からも，税を再認識して欲しいものです。

　本書が，中小企業の経営者や経理担当者，さらには，いずれ社会に出て税や経理に関わる仕事をする可能性のある大学生（経済学部，商学部，経営学部の皆さん）に手に取っていただき，税を身近に感じていただき，経営や学習の一助となれば幸いです。

はしがき―税の知識を味方につけよう

　本書の出版にあたり，税務経理協会の大坪嘉春社長と同・大坪克行常務には，企画の段階から出版にいたるまで大変お世話になりました。また，原稿の整理，編集，校正など，出版にいたるまでの面倒な作業を，同社編集部の日野西資延さんにお手伝いいただきました。記して感謝申し上げます。

　2013年8月

執筆者一同を代表して
本郷　　孔洋
田中　　弘

神奈川大学中小企業経営経理研究所構成員

田中　弘	所長・教授	経済学部教授, 博士（商学）（早稲田大学）
本郷孔洋	客員教授	公認会計士，税理士, 辻・本郷税理士法人理事長
戸田龍介	教授	経済学部教授
藤田晶子	客員教授	明治学院大学教授, 博士（経営学）（明治学院大学）
今田正紀	客員教授	税理士, 神奈川大学会計人会副会長
早川　優	客員教授	税理士, 神奈川大学経済学部講師
井上　功	客員教授	税理士, 神奈川大学会計人会副会長
浅岡勇夫	客員教授	税理士，愛知学泉大学講師, 名古屋税理士会常務理事
四方田彰	客員教授	税理士, 神奈川大学経済学部講師
石川孔紀	客員研究員	株式会社ＬＴＧ社長
市川琢也	客員研究員	税理士，辻・本郷税理士法人, 神奈川大学経済学部講師
田中和也	幹事	東海大学政治経済学部

CONTENTS

税の知識を味方につけよう

プロローグ─税金入門 ………………………………………………… 1
- 1 立場が変われば「税金」のイメージも変わる…………………… 1
- 2 大学で学ぶ「税の仕組み」「税の役割」………………………… 2
- 3 税金はどこで使われているか……………………………………… 2
- 4 税金の「社会性」「公益性」……………………………………… 3
- 5 「みんなで負担すれば高くない」………………………………… 4

PART 1　会計と税の世界

CHAPTER 1　利益の計算と税金の計算はどのようにつながっているのか

- 1 法人税法の規定………………………………………………………… 8
- 2 トライアングル体制…………………………………………………… 9
- 3 会社法と法人税法で同じ処理方法を採用するのが原則…………11
- 4 会社法会計と税法会計で会計処理を変えるとどうなるか………12
- 5 確定決算主義のメリット……………………………………………13
- 6 法人税法の「逆基準性」……………………………………………14
- 7 確定決算主義の弊害…………………………………………………16

CHAPTER 2　誰が，誰に何を根拠に課税するのか—課税の諸原則

- 1　税は国や地方公共団体の収入……………………………………20
- 2　集めた税金は何に使われるのか………………………………21
- 3　税に関する義務と権利……………………………………………21
- 4　「税」は権利でもあり義務でもある……………………………22
- 5　憲法における「納税の義務」……………………………………22
- 6　租税法律主義………………………………………………………23
- 7　応能負担の原則……………………………………………………23
- 8　「公平・透明・納得」の視点……………………………………24

CHAPTER 3　どのような税金があるのか

- 1　国税と地方税………………………………………………………27
- 2　直接税と間接税……………………………………………………32
- 3　普通税と目的税……………………………………………………32
- 4　その他の税の種類…………………………………………………33

CHAPTER 4　税金はどのようにして集めるのか

- 1　納税の3パターン…………………………………………………36
- 2　源泉徴収制度（国税）……………………………………………38
- 3　普通徴収と特別徴収（地方税）…………………………………39

PART 2　税務会計入門

CHAPTER 5　個人事業所得の計算と課税

- 1　所得の種類と所得控除の種類……………………………46
- 2　所得税法における事業所得の内容………………………47
- 3　事業用固定資産の譲渡による所得………………………47
- 4　事業所得の金額の計算……………………………………48
- 5　収入金額の原則……………………………………………48
- 6　必要経費の原則……………………………………………48
- 7　総収入金額…………………………………………………49
- 8　必 要 経 費…………………………………………………50
- 9　所得計算の特例……………………………………………53
- 10　青色申告制度………………………………………………54
- 11　税額の計算…………………………………………………56
- 12　税 額 控 除…………………………………………………56

CHAPTER 6　法人事業所得の計算と課税

- 1　法人にはどんな種類があるか……………………………58
- 2　法人税はどう計算するのか………………………………59
- 3　課税所得の計算はどうするのか…………………………60
- 4　益金（収益）の計算税……………………………………61
- 5　損金（費用）の計算………………………………………66
- 6　欠損金が生じたらどうするのか…………………………82
- 7　法人税額はどう計算するのか……………………………83
- 8　申告と納付はいつするのか………………………………84

- ■9 確定申告が間違っていたときはどうするのか……………………86
- ■10 確定申告書の提出を忘れていたときはどうするのか…………87
- ■11 青色申告をするためにはどうするのか…………………………88
- ■12 連結納税制度とはどんな制度か…………………………………90
- ■13 連結所得の金額，税額はどのように計算するのか……………91

CHAPTER 7　事業税の仕組みと問題点

- ■1 事業税について……………………………………………………94
- ■2 法人の事業税………………………………………………………95
- ■3 個人の事業税………………………………………………………98

CHAPTER 8　消費税の仕組みと問題点

- ■1 消費税とは………………………………………………… 102
- ■2 消費税等を負担するのは誰か…………………………… 102
- ■3 納税義務者（課税事業者）になるのは誰か…………… 103
- ■4 どんな取引が消費税の対象（課税取引）となるか…… 104
- ■5 消費税の税率……………………………………………… 108
- ■6 消費税の計算方法………………………………………… 108
- ■7 消費税と地方消費税の申告と納付……………………… 109
- ■8 消費税の問題点…………………………………………… 110

CHAPTER 9　税効果会計と繰延税金資産・負債

- ■1 税効果会計の目的………………………………………… 116
- ■2 税効果会計と損益計算書………………………………… 117
- ■3 税効果は何を調整するのか……………………………… 119

■4	税効果の法定実効税率………………………………………………	121
■5	繰延税金資産と繰延税金負債…………………………………………	122

PART 3　特　　論

CHAPTER 10　確定決算主義における弊害と解決策

■1	現代イソップ・ズル物語………………………………………………	126
■2	税収確保の困難………………………………………………………	128
■3	不公平感の増幅………………………………………………………	130
■4	労働意欲の喪失………………………………………………………	132
■5	社会的損失……………………………………………………………	134
■6	粉飾経理への誘導……………………………………………………	135
■7	闇の世界への資金供給………………………………………………	137
■8	新しい税制への提言…………………………………………………	138

CHAPTER 11　各国の会計と課税の仕組み

■1	イギリスの会計と課税の仕組み……………………………………	143
■2	ドイツの会計と課税の仕組み………………………………………	149
■3	フランスの会計と課税の仕組み……………………………………	155

CHAPTER 12　中小企業のための会計基準

■1	会計基準をめぐる2つの考え方―シングル・スタンダード vs ダブル・スタンダード …………………………………………	164

■2 我が国にある２つの中小企業会計基準──中小企業会計指針
と中小企業会計要領 ··· 165

PART 4　税理士と税理士業界

CHAPTER 13　税理士はどのような仕事をするのか

■1 税理士は「正しい税金を支払う（申告納税）ときの
代理人」 ·· 186
■2 資　格　試　験 ··· 187
■3 こんなときは税理士に相談しよう ·· 189
■4 相談した人の秘密は守られます（守秘義務） ························· 190

CHAPTER 14　税理士業界の現状と課題

■1 税理士の平均年齢 ·· 192
■2 高齢化した原因 ·· 193
■3 税理士は準国家公務員 ··· 193
■4 20年後の税理士像──稼ぐ税理士と喰えない税理士 ············· 194
■5 税理士の収入はどれくらいか ·· 195
■6 稼ぐ税理士の武器──経営分析とコンサル力 ························ 197
■7 コンサルは難しくない ·· 199
■8 コンサルの極意──２つの視点で考える ······························ 200

CHAPTER 15　税理士資格の取得と開業

- ■1　税理士資格の取得方法について……………………………… 204
- ■2　税理士試験受験資格………………………………………… 205
- ■3　税理士試験免除制度………………………………………… 206
- ■4　税理士試験の難易度………………………………………… 206
- ■5　税理士登録…………………………………………………… 207
- ■6　税理士の選択肢……………………………………………… 207
- ■7　税理士の業務………………………………………………… 209
- ■8　税理士事務所の開業………………………………………… 210

エピローグ―本書を読み終えた皆さんへ……………………… 211

資　料　編………………………………………………………… 215

- (1)　損益計算書と貸借対照表…………………………………… 216
- (2)　国の収入（歳入）と支出（歳出）………………………… 218
- (3)　法人所得課税の実効税率の国際比較……………………… 219
- (4)　所得税の税額表……………………………………………… 220
- (5)　給与所得の速算表…………………………………………… 220
- (6)　税に関する相談……………………………………………… 221
- (7)　全国税理士会一覧…………………………………………… 223

プロローグ

税 金 入 門

「税金」とか「租税」という言葉を見たり聞いたりしたとき，皆さんは，どういうことを考えますか。

1 立場が変われば「税金」のイメージも変わる

「税金」と聞いたとたんに，「あれは，わからない」「税理士の先生に任せているので，自分は知らない」「できるだけ，少ないほうがいい」と感じる人もいます。事業を営んでいる経営者の皆さんは，このグループに入るのではないでしょうか。

サラリーマンやその奥さんは，毎月の「給与明細」を見て，「えっ，こんなに税金を引かれているの」「所得税と比べて，どうしてこんなに地方税は高いの」「税金を払っても，国も地方自治体も，何もしてくれないじゃない」と感じているかもしれません。

小学生や中学生が「税金」と聞くと，きっと，消費税のことを考えるのではないでしょうか。いつも買いに行く店がコンビニであれば特別の疑問も感じずに5％の消費税を払いますが，路地裏の駄菓子屋さんとか夏祭りのときにでる露店で消費税を取られると，「この店は，きっと消費税を国に納めていないだろうな」とか「税金って，いい加減なものだな」と感じるかもしれません。

2　大学で学ぶ「税の仕組み」「税の役割」

　大学生の皆さんは,「税金」をどのように考えているでしょうか。大学の「税法」,「租税論」,「財政学」,「会計学」,「税務会計論」,「社会保障論」,といった講義で税金の話を聞いた皆さんは,「税が果たしている社会的な機能」についての知識を持っていると思います。

　「税金は取られる（だけの）もの」という認識は,大きな誤解を含んでいます。法律の世界では,「義務」だけが課されることはありません。「権利」と「義務」が同列に考えられています。「義務があるところ権利あり」です。「税金を取られている」のではなく,「権利を主張するために」「権利を行使するために」,税金を支払うという「義務を果たす」と考えるのです。

 3　税金はどこで使われているか

　皆さんが,自宅から大学にいくまでに,どういうところで税金が使われているかを考えてみましょう。朝,起きたときに,雪国では玄関前に雪が積もっていることがあります。自宅前の私道は,自分で雪かきしなければならないでしょうが,バスどおりや電車どおりの「公道（国道,県道,市道など）」は,国や県や市が税金を使って除雪しているのです。

　夜,暗い道を歩くのは怖いですね。車が走る道路にガードレールがないと,危険ですね。道路の照明もガードレールも,税金で作られているのです。カーブミラーも交通信号も同じです。そういえば,道路も税金で作られています。

ほかにも，国民・市民の皆さんのために，税金が使われているところが至る所にあります。皆さんが，朝自宅を出てから帰宅するまでの間に，どこで税金が使われているか，また，それが税金でまかなわれていないときは，誰が，どれくらい負担することになるかを考えてみたいと思います。

 4　税金の「社会性」「公益性」

　税金で作られるものや税金で費用を払っているものには，共通の性格があります。それは，「**社会性**」とか「**公益性**」ともいうべき性格と，「**共同負担**」「**分担負担**」ともいうべき性格です。

　旅行に出ようと思っても，道路や信号が整備されていなければ目的地に着けません。かといって，道路を作るのは個人の力ではできません。行く途中に川が流れていれば橋が必要でしょう。橋も個人で架けることは困難です。こうした場合には，国民・市民がみんなで少しずつお金（税金）を出し合って，道路や橋，信号などを作って，みんなで道路や橋の便利さを享受するのです。こうした考え方を「**受益者負担の原則**」といいます。

　そのように考えますと，学校，公立病院，消防署，警察……いたるところに，「個人ではできないけど，みんなで力（税金）を合わせればできる」施設や公的サービスがあります。

5 「みんなで負担すれば高くない」

　「赤信号, みんなで渡れば怖くない」などといったジョークが流行ったことがありましたが, 本当のところ,「学校も道路も病院も, みんなで負担（税金）すれば高くない」のです。

　税金には, そうした国民・市民が「互いに支えあう」という性格もあるのです。どうですか。税金に対する意識が, すこし, 変わりましたか。

　それでは, 皆さんを「**税の世界**」にご案内しましょう。

PART 1

会計と税の世界

CHAPER 1　利益の計算と税金の計算はどのようにつながっているのか

CHAPER 2　誰が,誰に何を根拠に課税するのか──課税の諸原則

CHAPER 3　どのような税金があるのか

CHAPER 4　税金はどのようにして集めるのか

CHAPTER 1

利益の計算と税金の計算はどのようにつながっているのか──確定決算主義の話

1 法人税法の規定
2 トライアングル体制
3 会社法と法人税法で同じ処理方法を採用するのが原則
4 会社法会計と税法会計で会計処理を変えるとどうなるか
5 確定決算主義のメリット
6 法人税法の「逆基準性」
7 確定決算主義の弊害

PART 1　会計と税の世界

　法人（会社）に課す税金にはいろいろありますが，法人（会社）が継続的な事業活動によって稼いだ利益（税法では，「**所得**」といいます）に課す税金は，「**法人税**」です。その意味では，「**法人税**」というより，「**法人所得税**」といったほうが的を射ています。

　他にも，法人が清算（法人が解散するときに，財産や債務の後始末をすること）するときの所得（**清算所得**）などがありますが，ここでは，法人（会社）が継続的な事業活動によって得た所得について，いかなる税金が課せられるかを書くことにします。

　法人の**事業所得**（会計の用語でいいますと，**当期純利益**）に対しては，国が「**法人税**」を課します。法人が，国民や法人に，国のサービス（政治，法律，道路，港湾，免許，国防，情報など）を提供する対価（見返り）として，税という形で国が徴収するのです。これを逆に，納税者である国民の立場から見ますと，政治，道路，港湾，消防，警察，免許，国防……といった国のサービスを受ける権利を得るために税を支払うのです。

1　法人税法の規定

　法人税法第74条には，次のように書いてあります。

> 「確定した決算に基づき……申告書を提出しなければならない」
> 「申告書には，貸借対照表，損益計算書……を添付しなければならない」

ここでいう「確定した決算に基づき」とは，株式会社の場合でいいますと，株主総会で承認または報告された決算書に書かれている利益の額を企業所得とみなして，これをベースにして**課税所得**と**課税額**を計算することをいいます。これを「**確定決算主義**」または「**確定決算基準**」といいます。

 ## 2 トライアングル体制

　日本の会計制度は，これまで，旧商法，旧証券取引法，法人税法という３つの法律によって規制されてきました。旧商法はいまでは**会社法**に，旧証券取引法は現在，**金融商品取引法**に代わっています。それぞれの法律が，別の法律があることを前提にして，自分の法律を簡素化したのです。これを，**トライアングル体制**といいます（金属打楽器に三角形をしたものがありますね）。

　３つの法律が会計制度と会計実務を規制するありかたは，それぞれの法の規制目的が違うことから不都合なこともありましたが，３つの法律を適用した結果としての決算書が１つで済むというメリットもあります。

　３つの法律がお互いに依存しあって規則を作りますから，どの法律も簡潔で，別の法律が決めたことは自分の法では書かないというやりかたです。会計に関する法律は，株主に対する決算報告でも，税務署に対する確定申告でも，お金を借りるために作成する銀行宛の財務諸表でも，同じように適用されますから，どの報告書も内容は同じで，財務諸表（決算書）を利用する人達（投資家，株主，銀行，課税当局……）には非常に便利です。

　こうした３つの法律の関係は，しばしば，次のように示されてきました。

PART 1　会計と税の世界

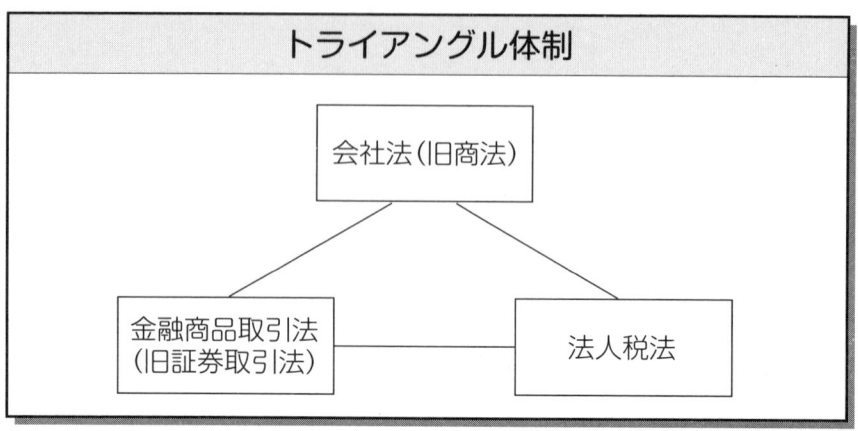

　上に書いたように，法人（会社）の**事業所得**に対しては，**確定決算主義**が採られています。法人の決算は，その**計算書類（財務諸表）が株主総会において承認または報告されることによって確定**します。法人税法では，そこで確定した決算書（計算書類）に書かれている利益の額を**企業所得**とみなして，これをベースとして**課税所得**と**課税額**を計算するのです。企業が負担する税金の計算は，会社法の会計規定に大きく依存しているのです。

　ここで少し，整理しておきます。

CHAPTER 1　利益の計算と税金の計算はどのようにつながっているのか

重点用語の整理

企業所得・事業所得	法人に限らず，いかなる形態の事業を営んでいても，その「もうけ」を指す言葉です。
課　税　所　得	企業が稼いだもうけのうち，税を課すことができる部分をいいます。もうけのすべてに課税するのではなく，その時々の経済政策などにより，税が軽減されたり免税されたりするので，そうしたことを加減した後の，実際に課税される所得の額をいいます。
企　業　利　益	会計上の利益額をいいます。
決　算　書	財務諸表や計算書類のことを指す一般用語です。
財　務　諸　表	会計で，損益計算書，貸借対照表，キャッシュ・フロー計算書等をいいます。
計　算　書　類	旧商法や会社法では，財務諸表のことを「計算書類」といいます。要するに，決算書も財務諸表も計算書類も，同じ意味です。

3　会社法と法人税法で同じ処理方法を採用するのが原則

　課税所得を計算する場合，収益，費用，損失，資産，負債などを処理する方法として，**一般に公正妥当と認められた基準**がいくつか存在することがあります。例えば，固定資産の減価償却には，定額法，定率法，生産高比例法などの方法が認められていますし，商品・製品などの棚卸資産の原価配分には先入先出法，平均法，個別法などの方法が選択適用できることになっています。

　法人税法では，会社が定額法を採用して決算を行うときは，税金の計算上も定額法を使うことを求めています。**会社法による決算において採用した方法を，**

11

税務上も採用しなければならないのです。

　例えば，会社法決算において，在庫の評価方法として先入先出法を採用している場合には，課税所得の計算でも先入先出法を使わなければなければなりません。割賦（かっぷ）販売や工事進行基準などの採用でも同じです。減価償却費や資産の評価損なども，会社法決算において費用計上されていなければ，税金計算上も損金（そんきん）（費用）に算入することはできません。

　こうした税法の要件は，**期間損益計算（会社法）と課税所得（法人税法）の計算を結びつける**ことによって，法人の経理負担を小さくすることと，もう１つ，**不当な法人税の回避**をさせないことにねらいがあるといえます。

4　会社法会計と税法会計で会計処理を変えるとどうなるか

　もしも，会社法上の期間損益の計算と法人税法上の課税所得の計算に，それぞれまったく違った処理方法を使ってもよいということになりますと，一部の企業は，会社法上は最も利益が大きくなるような方法を採用し，他方で，税務計算上は，最も課税所得が小さくなる処理方法を採用するのではないでしょうか。そうなると，確定決算（会社法）においては巨額の利益を報告しながら，税務上は赤字（損失）を報告するということもありえます。

　具体的なケースを考えてみましょう。固定資産に定額法を適用しますと，償却の初期には定率法よりも減価償却費は少なくなります。定率法を採用すれば，償却の初期に償却費が大きく計算されます。そこで，会社法の損益計算では定額法を採用して費用を少なく（利益を大きく）し，税務会計上は定率法を採用して損金（減価償却費）を大きく（利益を小さく）計算するといった経理が行われる可能性があります。

CHAPTER 1 利益の計算と税金の計算はどのようにつながっているのか

　工事収益の計算を考えてみましょう。長期の請負工事の場合は，工事による収益を計上する方法として，工事完成基準と工事進行基準の選択適用が認められてきました。工事完成基準は，契約した工事が完成するまでは収益を計上せず，完成した期に工事収益のすべてと工事にかかる費用を計上します。

　それに対して，工事進行基準は，工事が進行する度合いに応じて，各期に工事収益と工事費用を計上します。工事進行基準は利益を早期に計上し，工事完成基準は利益の計上を遅らせる，という特徴があります。

　そこで，企業決算上は，工事進行基準を採用して利益を早期に計上し，税務上は工事完成基準を採用して益金（課税所得）の計上を遅らせる，といった選択が行われるでしょう（工事契約の会計基準が変わり，今後は，原則として工事進行基準を適用することになりました）。

　一般論としては，経営者も株主も，経営者の業績指標としての利益，配当の財源としての利益は大きければ大きいほどよいと考えるでしょう。他方で，課税の対象となる所得は，小さければ小さいほど税金が少なくなるので歓迎するのではないでしょうか。つまり，企業会計（会社法決算）では利益を大きく，税金の計算では課税所得を小さくしたいのです。

5　確定決算主義のメリット

　税法が確定決算主義を採用するのは，こうした企業の身勝手な計算を許さないためです。確定決算主義では，**会社法による企業決算が株主総会によって承認された場合に，そこで確定した利益を，税金計算において課税することができる所得とみなす**とするものです。企業決算が適正に行われていることを前提としているのです。

PART 1　会計と税の世界

したがって，**会社法による企業決算において利益を大きく報告した企業には，税務上も所得を大きく計上するように**，それに応じた税金を負担してもらうというものです。この目的にとっては，税法が会社法の会計規定を前提としているという構造は，実に効果的であるといえます。

このシステムは，うまく機能すれば，大きな利益を計上したいという願望と，税金を少なくしたいという願望とを，うまくバランスさせることができます。利益を大きくしたいと考える企業は，それに応じた税金を負担しなければならないし，逆に，税負担を小さくしたいと考える企業は，報告する利益も小さくすることで我慢しなければならないのです。

6　法人税法の「逆基準性」

では，こうしたシステムを採用している場合，経営者はどういう選択をするでしょうか。利益を大きく計算するほうにインセンティブを感じるでしょうか，それとも，税金負担を小さくするほうに惹かれるでしょうか。

それは，それぞれの企業がおかれた状況によって違うと思われます。株式を公開している企業（**上場会社**），とりわけ外国人の持ち株比率が高い企業の場合には，株価を高く維持するためにも配当要求に応えるためにも大きな利益を報告するほうにインセンティブがあるでしょう。

しかし，非公開会社や株式の持ち合いが行われているために個人投資家による持ち株比率が小さい企業の場合には，大きな利益を報告する必要はありません。むしろ，それよりも，税負担が小さいほうが望ましいと考えるのではないでしょうか。

CHAPTER 1　利益の計算と税金の計算はどのようにつながっているのか

　そうはいっても，中小企業でも，銀行から資金を借りるために，業績をよく見せようとして利益を過大に報告することもあります。

　わが国では，上に述べたように，会社法による企業決算と税務計算が確定決算主義によってリンクしていることから，税負担を小さくしたいと考える企業は会社法上の利益を小さくなるように会計処理する傾向があります。つまり，税金が少なくなるように会社法決算が行われるのです。

　これがわが国で「**会社法に対する法人税法の逆基準性**」と呼ばれる現象です。

　確定決算主義は，元来，会社法の会計規定が税法に対して「**基準性**」を与えるものです。会社法の会計規定に準拠して利益を計算し，その利益をベースとして課税所得を計算するという考え方です。ところが，現実には，会社法と税法の計算を一致させると，会社法によって計算した利益が大きくなると税金も大きくなるということから，**税金を少なくするために利益を小さくなるように会社法の会計規定を運用**するということをしがちです。これが，下位の法である税法が基準性を持ち，上位の法である会社法が税法に従うという「**逆基準性**」の問題です。

　会社法の会計規定は，債権者（社債の所有者，会社へ資金を貸している者，取引先など）の保護を図るとともに，企業経営と経理の健全性を高めることを目的としています。税法の逆基準性は，こうした会社法の理念とは相容れないといえるでしょう。確定決算主義には多くのメリットがありますが，反面，運用の実態を見ますと，数多くの弊害や逆基準性による税の回避を許容するというデメリットもあります。

7　確定決算主義の弊害

　確定決算主義による課税方式は，いわば，担税能力のある企業，支払能力のある企業から税を取ろうとするものであり，確実に税を徴収できるというメリットがあります。税収の確保という面からみると一応の合理性があるのです。しかし，見方を変えると，この課税方式は，「逆基準性の問題」以外にも，次のような重大な欠陥を内包しているのです。

（1）　税収の減少を招く
（2）　無駄遣いしたほうがアメをもらえる
（3）　努力する者が報われない
（4）　社会的損失を招く
（5）　粉飾決算を誘導する
（6）　闇の世界へ資金を供給する

　これらの弊害は，法人税の課税方式が確定決算主義と結びついているために生じるものです。あえてこれを，確定決算主義における6つの大罪とでも呼んでおきます。すべて，結果としてか誘因としてかは別にして，脱税に結びついているのです。これらの弊害については，PART 3のCHAPTER 10で詳しく説明します。

　確定決算主義が採用されてから半世紀が過ぎました。今日では，この制度のメリットよりもデメリットのほうがはるかの大きくなってきたのです。この制度は，抜本的に改革することが必要な時期にきているのではないかと考えられます。

CHAPTER 2

誰が,誰に何を根拠に課税するのか—課税の諸原則

1 税は国や地方公共団体の収入
2 集めた税金は何に使われるのか
3 税に関する義務と権利
4 「税」は権利でもあり義務でもある
5 憲法における「納税の義務」
6 租税法律主義
7 応能負担の原則
8 「公平・透明・納得」の視点

PART 1　会計と税の世界

　最初に，ある中学生が書いた作文を読んでください。この作文は，中学校で行われた税に関する授業を聞いて書いたものです。

「税金の授業を受けて」

　驚きました。税が，こんなにも私たちの生活を支えてくれていたなんて。

　普段，私たちは，税のことをあまり意識せずに生活しています。意識するとしても，税の嫌な部分だけを見てしまいます。それは税の利益よりも，税を納めるという行為のほうが目に付きやすく，印象深いからでしょう。

　しかし，税は納めなければならない嫌なもの，うっとうしいもの，という見方はまちがっています。

　考えてみてください。もし，日本から税がなくなってしまったら……。図書館は利用できない，生活保護を受けられなくなってしまう人も出てくれば，私たちは学校へも行けなくなってしまうのです。

　今，私の学校生活はとても有意義なものとなっています。税をきちんと納めている人達に感謝して，日々勉強しています。税や，税のしくみをくわしく知ったからです。

　私たちが義務教育を無償で受けられるのは，税と，すべての納税者のおかげです。黒板，チョーク，教科書，この作文が書かれている原稿用紙も，税金で賄われているのです。学校で流れている時間一秒一秒が，税によって支えられていると言ってもいいでしょう。

　しかし，なかには納めなければならない税を納めない人もいるのです。

　なぜ，税を納めない人，脱税者が出てくるのでしょう。

　もし，税が，税の正しいルール通りに運用されたのならば，脱税者は少なくなることでしょう。しかし，新聞やテレビのニュースを見ると，必ずしもそうではないようです。

　本当ならば，私たちの税を守るべき政治家が，税を私事に使っていた，

CHAPTER 2　誰が，誰に何を根拠に課税するのか―課税の諸原則

などということがあります。

　このように，税が権力のある個人の為に使われてしまうのならば，税を納めたくなくなる人も出てくるのが納得できてしまうのです。

　また，財産が多い資産家などには，確かに税は煩わしいものかもしれません。税を納めて生じる利益が必要ないかもしれません。だからといって，
「私は税の見返りはいらないよ。だから税を納めないからね。」
などというふうにはいかないのです。道路も橋も信号も，作るのは，みんな税なのです。

　税とは，私たちに利益をもたらすだけでなく，社会的に不利な立場にいる人達を，助ける役割をも果たしているのです。

　脱税者をなくすには，政治家の信頼と，納税者の税に対する理解が必要です。この2つのものを得るには，相互の努力が不可欠なのです。

　すべての人の幸せのために，私を含めたすべての人が税を納めなければなりません。私は中学生なので，税といっても具体的には消費税ぐらいしかありません。しかし，たかが消費税，されど消費税です。しっかりと納めています。私たち中学生も立派な納税者なのです。

　まわりを見渡せば，多くのものが税で支えられています。これからも税に感謝し，きちんと税を納めていきたいです。

神奈川県横須賀市立武山中学校　3年　田中　綾

（筆者の許可を得て掲載）

　税金は，これから述べるように，法律によって国民の義務とされていますが，この作文を読みますと，**税を納める**ことは，法律以前の，「**社会人としてなすべき当然の責務**」であることがわかります。

　財務省では，「税は，社会の会費」だと説明しています。年金，医療などの社会保障・福祉や，水道，道路などの社会資本整備，教育や警察，消防，防衛

といった公的なサービスの費用を，そのサービスを受ける私たちが，広く公平に分かち合うために負担するのが「税」なのです。

いくら金持ちでも，「わたしは税金の見返り（税を納めたことと引き換えに受けるサービス）はいらない」とはいえないのですね。この金持ちが車を走らせば税金で作った道路を走るでしょう，橋も使えば信号も利用します。自分の家が火事になれば消防車を呼ぶでしょうし，自宅に泥棒や強盗が入れば，警察のお世話になるでしょう。「わたしは国や地方にはお世話にならないから，税金も払わない」というわけにはいかないのです。

1　税は国や地方公共団体の収入

上の話は，税を納める立場の人たち，つまり，国民の立場で書いたものです。では，税を受け取り，これを利用する国や地方の立場から見たら，どうなるでしょうか。

国や地方（都道府県，市町村など）は，都民・県民・府民・道民，また，市民・町民・村民にいろいろな公共のサービスを提供しています。例えば，国道・県道・市道，公営の小中学校や高校・図書館・病院・プール・公民館・保健所……，どれも非常に重要な公的サービスです。

国や地方が，こうしたサービスを国民・市民に提供するためには，そうした活動に必要な資金を準備しなければなりません。どうすればその資金を準備することができるでしょうか。

CHAPTER 2　誰が，誰に何を根拠に課税するのか―課税の諸原則

2　集めた税金は何に使われるか

▶集めた税金は何に使われるのか

　上の，中学生が書いた作文にもありましたが，国や地方が，国民・市民から集めた税金を政治家や官僚などが不正に（私腹を肥やすだけではなく，選挙の対策として選挙区に有利になるように税金を配分することも）使用することがあってはなりません。

　国民・市民から集めた税金は，目的が決まっている税金（目的税，特定財源）であれば，その目的に合うように使って欲しいですし，一般目的の税であれば，国会などの議会で十分に審議して，適切に使って欲しいですね。

3　税に関する義務と権利

　では，日本国民は，どういう根拠・理由から，税が課され，税を支払うのでしょうか。

　税は，自動車の運転免許と似たところがあります。免許がないと車を公道で運転することができません。免許を取得するためには，公道で車を走らせる技術と安全を確保する知識が必要です。免許があると公道を走る権利を手に入れることができますが，安全を確保することが義務とされます。

　税も，「**納税の義務**」がありますが，その義務を果たせば，その見返りとして「**納税者としての権利**」，つまり，「**国や地方の公的なサービスを受ける権利**」を手にすることができるのです。

4 「税」は権利でもあり義務でもある

そうした公共の利益，国民・市民が受けるべき公のサービスを，国や地方が提供するために「税」があるのです。「税」は，納める立場からしますと「義務」でもありますが，国や地方が提供する公的なサービスを受ける「**権利**」を手にすることでもあるのです。また，税を受け取る国や地方の立場からしますと，「税」は「**課す権利**」があると同時に，それに見合った「**公的なサービスを提供する義務**」を負うのです。

5 憲法における「納税の義務」

日本国憲法では，国民の3大義務として，「**教育の義務**」「**勤労の義務**」「**納税の義務**」を定めています。すべての国民は，「教育を受ける権利」を有し，その「子女に普通教育を受けさせる義務」を負い，また，「勤労の権利」を有するとともに「勤労の義務」を負います。

「**納税の義務**」は，次のように書かれています。

> 「憲法第30条（納税の義務） 国民は，法律の定めるところにより，納税の義務を負ふ。」

6 租税法律主義

上の憲法第30条には「法律の定めるところにより」納税の義務を負うと書かれています。法律の定めがなければ、税金が課されることはありません。これを、「**租税法律主義**」といって、憲法に次のように明記されています。

> 「憲法第84条（租税法律主義）　新たに税を課し、又は現行の租税を変更するには、法律又は法律の定める条件によることを必要とする。」

7 応能負担の原則

憲法に「**納税の義務**」が定められ、特定の税（例えば、サラリーマンや自営業者に課される「所得税」など）に関する法律（所得税法）が国会で制定されますが、そこでは、いくつかの基本的な考えがあります。

1つは、税金を納める能力（**担税能力**）が高い人からは多くの税金を負担してもらい、税金を納める力の弱い人からは、少なめに負担してもらうという考えです。これを「**応能負担の原則**」といいます。

所得税であれば、給与所得や事業所得の多い人からは多めに、少ない人からは少なめに負担してもらうという考えです。そうした考え方は、現在では、多くの国民が平等、公平に生活が営めるように工夫された税金の仕組みであると考えられています。

ただし、給与所得や事業所得にあまり高い税金を課しますと、労働意欲を殺

ぐことになりかねませんので，上限が定められています。また，所得が一定額以下の人には課税しないという下限もあります。

8 「公平・透明・納得」の視点

　税は，社会の構成員である私たちが広く公平に分かち合うものでなければなりません。税制やその改正を考える上で，「公平・透明・納得」という3つの視点が重要です。財務省では，この3つの視点を次のように説明しています。

> 「**公平**」——納税者にとって公平な仕組みであること
> 「**透明**」——制度の内容が透明で分かりやすいこと
> 「**納得**」——制度に基づいて納税することに誰もが納得できるものであること

　「公平」には，経済力が同等の人には同じ負担を求めるという「**水平的公平**」と，経済力がある人（財産を持っている人や収入の大きい人）にはヨリ大きな負担を求めるという「**垂直的公平**」があります。さらに最近では，世代の異なる人たちの間での公平や，それぞれの世代における受益と負担のバランスといった「**世代間の公平**」を図ることも重要になっています。

CHAPTER 3

どのような税金があるのか

1　国税と地方税
2　直接税と間接税
3　普通税と目的税
4　その他の税の種類

PART 1　会計と税の世界

　税金にはたくさんの種類があります。

　私たちの生活に関係あるものを見ますと，サラリーマンの給料にかかる税金として給料から差し引かれる**源泉所得税**や**住民税**，家を持っていれば保有していることで**固定資産税**，自動車を所有していれば**自動車税**，たばこを吸えば**たばこ税**，お酒を飲めば**酒税**，温泉に入れば**入湯税**，ゴルフをすれば**ゴルフ場利用税**など様々な税金がかかります。

　身の回りに直接関係ない税金をみますと，会社が商売で儲けたことに対し，その利益に応じて国に納める**法人税**や都道府県に納める**法人事業県民税**，外国からものを輸入するときは**関税**，一定規模以上の事業を行うと**事業所税**がかかります。

　税金を分類する方法については，すでに簡単に紹介しましたが，ここでは，もう少し詳しく説明します。

CHAPTER 3　どのような税金があるのか

1　国税と地方税

　国が税金をかけるのが**国税**で，地方公共団体（地方自治体とも言います―都道府県や市町村）がかける税金が**地方税**です。

・国税（国が課す税金）

法　　人　　税 （企業の利益）	株式会社や有限会社などの法人の所得金額に対してかかります。所得に対して原則25.5％ですが，中小法人は年間800万円までは15％（平成24年4月1日から平成27年3月31日までに終了する事業年度）です。
復興特別法人税	復興財源確保法により平成24年4月1日から平成27年3月31日までの期間内に最初に開始する事業年度開始の日から同日以後3年を経過する日までの期間内の日の属する事業年度については，各事業年度の所得の金額に対する法人税の額に10％の税率が課される。
所　　得　　税 （個人の稼ぎ）	個人の1年間の収入から経費を引いた所得金額に対してかかります。所得は10種類に区分され税率は5％から40％です。（平成27年分以後は最高税率は45％）
復興特別所得税	復興財源確保法により平成25年分から平成49年分までのその半分の基準所得税額に対して税率2.1％相当額です。
消　　費　　税	商品の販売やサービスの提供に対してかかる税金です。物の取引のすべての段階で税金がかかるため最終的には消費者が負担することになります。税率は国税が4％で地方税が1％の合計5％です。（平成26年4月1日から8％，平成27年10月1日から10％になる見込みです）
相　　続　　税	人が死亡したとき，その人の財産を親族である相続人に受け継がせるときにかかる税金です。基礎控除は5,000万円で法定相続人1人につき1,000万円が加算されます。それを超えたときに税金がかかります。（平成27年1月以後は基礎控除は3,000万円，法定相続人は1人600万円になる）

贈　与　税	個人からお金や物を無償でもらったときにかかります。基礎控除は110万円でそれを超えたときに税金がかかります。税率は10％から50％です。 （平成27年1月以降は最高税率55％）
酒　　　税	清酒・ビール・ウィスキーなどを製造場から出荷したときにかかります。ビールは売価のほぼ半分が税金になっています。
関　　　税	外国からの輸入品にかかります。輸入者が納めます。これには国内産業保護という機能があります。
印　紙　税	契約書，領収書，通帳など印紙税法に定められた文書を作成したときにかかります。通常は収入印紙を貼ることによって納めます。文書の種類や金額により税金が決められています。
登 録 免 許 税	土地，建物の取得，会社の登記，法律上の権利の登録，免許などを受けるときにかかります。税額は免除等の種類によって定められており，現金で納める方法と収入印紙を貼ることによって納める方法とがあります。
た　ば　こ　税	たばこを製造場から出荷したときや輸入したときにかかります。たばこの本数に一定の税率を乗じて納めます。税率は約1,000本当り約3,000円から6,000円です。
自 動 車 重 量 税	自動車の購入や車検を受けるとき，軽自動車の車両番号の指定を受けるときにかかります。税額は自動車の種類や車検証の有効期間によって定められています。 （平成24年度改正ではエコカー減税対象車に免除や軽減が受けられます）
石 油 ガ ス 税	石油・天然ガスを採取場から出荷したとき又は石油・天然ガス・石油製品を輸入したときにかかります。税率は1kg当り約18円です。
揮　発　油　税	自動車のガソリンなどを製造場から出荷したときや輸入したときにかかります。納める者は揮発油の製造業者です。税額は1kℓ当り48,600円。

• 地方税（地方自治体が，行政サービスの財源として住民等に課す税金）

地方税には，都道府県民税と市町村税があります。都道府県は，都道府県としての行政サービスを行う財源として税を課し，市町村は市町村としての行政サービスを行うための財源として税を課しています。

わかりやすい例でいいますと，道路には，国道，県道，市道，村道などの公道と，私人が所有していて一般の交通に開放している私道があります。公道を敷設したり維持管理するための費用は，国道なら国が，県道なら県が，市道なら市が負担します。

警察署は都道府県が，消防署は市町村がサービスを提供していますが，その費用は，**都道府県民税**，**市町村民税**として徴収されています。県民税や市民税は，こうした県や市の行政サービスに使われているのです。

• 住民税

地方税にはいろいろな種類がありますが，最初に，住民なら誰にでも課される「住民税」について説明します。

住民税は，個人と法人の所得を課税対象としています。1月1日現在住所を有する人や法人に，**所得割**と**均等割**で課されます。実際に住んでいなくても，事務所や家屋を持っている人や法人にも均等割が課されます。

✂ KEYWORD	
均 等 割	所得の額にかかわりなく，1人または1社あたりに定額で課される税です。
所 得 割	所得金額に応じて課せられる税です。法人の場合は所得割ではなく，法人税額に応じた「法人税割」が課されます。

PART 1　会計と税の世界

以下では，住民税を含めた地方税を紹介しましょう。

• 地方税（道府県税）

都道府県民税（住民税）	個人，法人ともに均等割（所得の金額にかかわりなく1人又は1社あたりの定額負担）と，個人については所得割（所得税と同様で収入から経費を引いた所得金額に応じた税額），法人については所得ではなく法人税額に応じた税額（法人割）と資本金に応じた均等割がかかります。
事業税	個人，法人ともに事業を営んでいるときに，所得金額または収入金額に対してかかります。個人の税率は3％から5％で法人は所得金額に応じて定められます。
自動車税	原則として，毎年4月1日現在の自動車の所有者にかかります。排気量によって10段階に区分されます。例えば1,000CC以下の営業車は7,500円，自家用車は29,500円です。1,000CCから1,500CCまでは8,500円，34,500円になります（低排出ガス車には税率が軽減されます）。
地方消費税	消費税が課税される取引に対して消費税と併せてかかります。税率は消費税額の25％です（国の消費税率4％×25％＝1％が地方消費税率となります）。
不動産取得税	土地や建物を有償・無償，登記の有無を問わずに取得したときにかかります。税率は不動産価格の4％です（住宅と土地は3％：平成18年4月1日から平成27年3月31日まで）。マイホームには軽減があります。
道府県たばこ税	卸売販売事業者等が小売販売業者に売り渡したたばこの本数に応じてかかります。1,000本につき原則1,504円です。
ゴルフ場利用税	ゴルフ場を利用したときにかかります。1人1日につき400円から1,200円です。
自動車取得税	自動車を取得したときにかかります。税率は原則取得価額の3％です。低排出ガス車には税率が軽減されます（平成27年10月で廃止）。
軽油引取税	引取りをした軽油の数量に応じてかかります。1kℓ当り32,100円です。

CHAPTER 3 どのような税金があるのか

• 地方税（市町村税）

市町村民税 （住民税）	県民税と内容は同じです。個人，法人ともに一定の額である均等割，個人については所得割，法人については法人税割がかかります。都の場合は，区民税と呼びます。
固定資産税	土地や家屋の所有者にかかります。標準税率は固定資産税評価額の1.4%です。
軽自動車税	原動機付自転車や軽自動車などを所有しているときにかかります。税率は1台当りの年額で定められ，例えば自家用の軽四輪乗用車の場合は年7,200円です。
市町村たばこ税	都道府県たばこ税と同様ですが，税率だけが異なります。1,000本当り原則4,618円です。
入湯税	温泉地の温泉に入浴したときにかかります。1人1日につき標準税額は150円です。
事業所税	指定都市などに所在する一定規模以上の事務所や事業所にかかります。床面積1㎡当り600円です。 従業員割（従業員給与総額×税率0.25）もあります。
都市計画税	市街化区域内に所在する土地や家屋にかかります。税額の計算方法は固定資産税とほぼ同じです。税率は固定資産評価額の0.3%です。通常，固定資産税とあわせて納税します。

2　直接税と間接税

　これは一般的に税金の納め方から区分するもので税金を負担する人に直接かける方法が**直接税**であり，品物を製造した段階で税金をかけて品物を最終的に買うことによって品物の代金に含まれている税金を負担するのが**間接税**です。

　例えば，**酒税**の場合には酒の製造業者が税金を納付しますが，納付された酒税の金額は酒の価格にプラスされて販売され，最終的に消費者が酒を買うことによって税金を負担します。すなわち，**最終消費者に税金の転嫁が行われるのが間接税**です。

直　接　税	（税金を納める者と負担する者が同一である税金） 　　法人税，所得税，相続税，贈与税
間　接　税	（税金を納める者と負担するものが異なる税金） 　　消費税，酒税，石油税，たばこ税，揮発油税，地方道路税

3　普通税と目的税

　一般的な経費として財政支出されるのが普通税で，特定の費用として税収の使途が決められているのが目的税です。

普　通　税	（一般的な財政支出に充てられる税金） 　　法人税，所得税，相続税，道府県民税，事業税，不動産取得税，固定資産税，市町村民税など
目　的　税	（税収の使途が特定されている税金） 　　揮発油税，石油ガス税，地方道路税，軽油引取税，都市計画税，入湯税など

4 その他の税の分類

• 消費と流通に課す税

　税金をどの段階で課税するかによって区分する分類です。一定の収入を得て**儲けに課税される税金**と**一定の財産を所有している事実に基づいて課税される税金**と財またはサービスの**消費や財の流通に課税される税金**とがあります。

所得に課す税金	法人税，所得税，道府県民税，市町村民税
所有に課す税金	相続税，贈与税，固定資産税
消費に課す税金	消費税，酒税，ゴルフ場利用税，地方消費税
流通に課す税金	自動車重量税，登録免許税，印紙税

• 個人に課す税と法人に課す税

　税金を納めるのが個人か法人で区別する方法です。

個人に課される税金	所得税，消費税，住民税，個人事業税，相続税，贈与税
法人に課される税金	法人税，消費税，法人県民税，法人市民税，法人事業税

• 人に課す税と物に課す税

　所得や財産が帰属する人を中心に課するのが人税(ひとぜい)であり，財産や収益自体に課税されるのが物税(ものぜい)です。

人　　税	法人税，所得税，道府県民税，市町村民税
物　　税	固定資産税，自動車税，事業税，たばこ税，石油税，酒税

CHAPTER 4

税金はどのようにして集めるのか

1　納税の3パターン
2　源泉徴収制度（国税）
3　普通徴収と特別徴収（地方税）

1 納税の3パターン

　法律に基づいて税を納めるのは私たちに課せられた義務ですが，それでは，税金の納め方にはどのような方法があるのでしょうか。

　納税には3つのパターンがあります。1つ目は，**申告納税方式**，2つ目は，**賦課課税方式**，3つ目は**自動確定方式**です。

●**申告納税方式**
　納税者の申告によって**納税義務が確定**するもので，納税者が法律の規定に従って自ら所得金額や税額を計算して申告し納税する方式です。

　この申告納税制度の下では，納税者の申告手続によって税金が確定することになりますが，それは暫定的なものであり，税金の額は後で変わることもあります。申告内容において所得の計算に誤りがあり，税額が過少または過大である場合は自ら修正することもできますが，税金を課税する官庁の手続きにより是正されることもあります。

　また（申告すべきなのに）申告が行われない場合にも官庁により納税の義務の確定手続きが取られて，納税が確定することもあります。

　この制度は自分の所得の状況を最もよく知っている納税者が，自らの責任において申告する最も民主的な納税の制度といえます。わが国では昭和22年度の税制改正で法人税，所得税および相続税に導入され，現在では，国税のほとんどと地方税の一部でこの制度が採用されています。

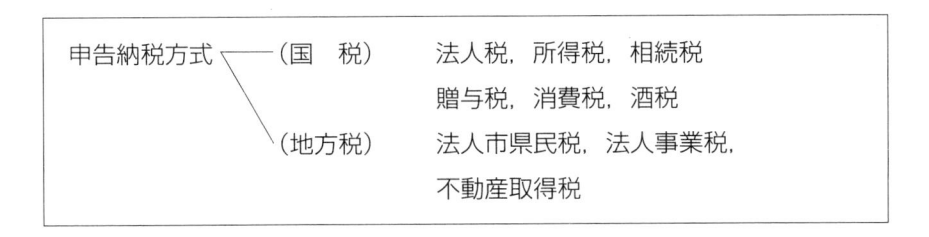

```
申告納税方式 ─┬─（国　税）　法人税，所得税，相続税
              │              贈与税，消費税，酒税
              └─（地方税）　法人市県民税，法人事業税，
                            不動産取得税
```

● 賦課課税方式

税金を課す官庁が税額を確定する方法で，具体的には税額が記載されている**納税通知書**が納税者に送達されることによって納税することになります。この方式は一部の国税と地方税の多くが採用しています。国税においては納付すべき税額を税務署長等が処分により確定する方式ともいわれています。

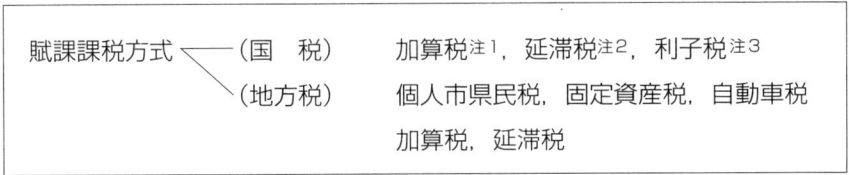

```
賦課課税方式 ─┬─（国　税）　加算税注1，延滞税注2，利子税注3
              └─（地方税）　個人市県民税，固定資産税，自動車税
                            加算税，延滞税
```

注1　加算税とは，税務署長に申告書の書類を提出した後に，税額が少なすぎて修正されたときなどにかかる税金で，本来の税金にプラスされます。加算税には過少申告加算税（原則10％），無申告加算税（原則15％），重加算税（原則35％），不納付加算税（原則10％）があります。
注2　延滞税とは，本来納める税金を期限までに納めないときにかかる税金です。年14.6％の割合ですが，納期限後2ヶ月以内は「年7.3％」と「前年の11月30日の公定歩合＋4％」のいずれか低い割合です。
注3　利子税とは，所得税や相続税を一括に納付できない場合は分納（延納）になりますが，そのときの税金です。税率は内容により定められていますが，所得税の場合は「年7.3％」と「前年の11月30日の公定歩合＋4％」のいずれか低い割合です。

PART 1　会計と税の世界

●**自動確定方式**

　上記の2つの方式以外によって税額が確定する方式として，自動確定方式があります。これは納税する義務が成立したと同時に自動的に確定するものです。

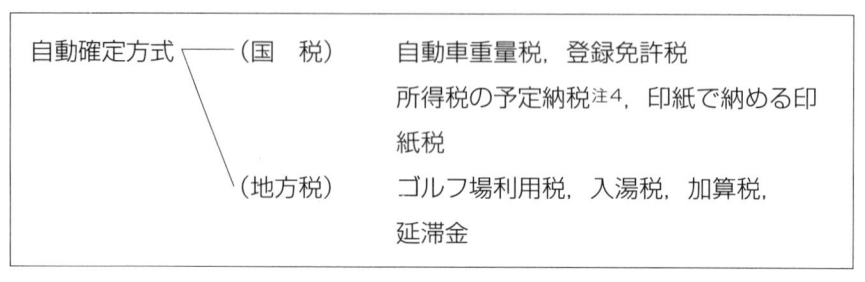

```
自動確定方式 ─┬─（国　税）　　自動車重量税，登録免許税
              │              所得税の予定納税注4，印紙で納める印
              │              紙税
              └─（地方税）　　ゴルフ場利用税，入湯税，加算税，
                              延滞金
```

　注4　予定納税とは，申告をして税金を納める人で前年の税額が一定額以上の人に税務署長がその年の税金が確定する前にあらかじめ納めてもらう制度です。

2　源泉徴収制度（国税）

　わが国の収入（歳出）の中で，約50％が税収です。その中でもっとも多い収入が所得税になっています。**所得税の建前は申告納税制度**ですが，特定の所得については「**源泉徴収制度**」を採用しています。

　この源泉徴収制度の主なものは，給与所得者であるサラリーマンに毎月支給する給料から雇い主が所定の所得税を徴収して国に納付するものです。1月から12月までに徴収した税額を精算（「**年末調整**」という。）して過不足額を算出します。源泉徴収するだけで課税関係が完結することになりますので，この制度は非常に重要な制度になっています。また，給与所得以外にも配当所得，公的年金等の雑所得，退職所得，利子所得等さまざまな所得についても採用されています。

CHAPTER 4　税金はどのようにして集めるのか

（源泉徴収制度の流れ）

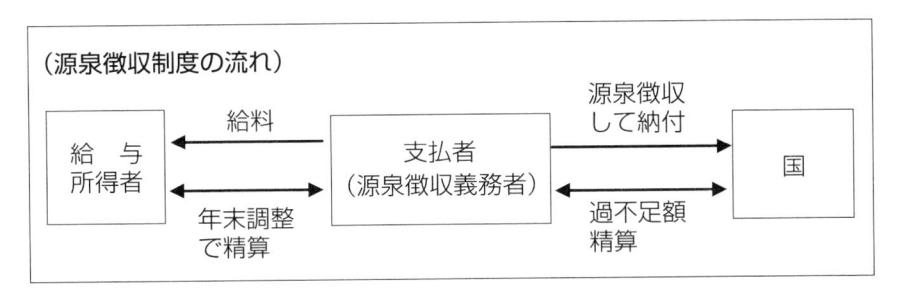

```
給与        ←給料→   支払者      →源泉徴収→    国
所得者                （源泉徴収        して納付
         ←年末調整→   義務者）    ←過不足額→
          で精算                     精算
```

（源泉徴収の範囲）

利　子　等	公社債及び預貯金の利子
配　当　等	法人から受け取る剰余金の配当
給　料　等	給料，賞与，歳費
公的年金等	国民年金，厚生年金，恩給
退職手当等	退職金
報酬料金等	1）弁護士，公認会計士，税理士の報酬
	2）プロ野球選手，プロサッカー選手等の報酬
	3）医師の社会保険診療報酬
	4）芸能人等の出演・演出の報酬
	5）講演料，原稿料の報酬

3　普通徴収と特別徴収（地方税）

　個人の都道府県民税と市町村税は，**普通徴収**と**特別徴収**の2つがあります。個人の選択により，いずれかの方法により納付します。

普通徴収（本人が直接納める方法）

　普通徴収は，市町村が納税者に対し，納税額およびその計算基礎，納期および各納期における納付額等を記載した**納税通知書**を交付します。その納税通知書に基づき年4回納付します。この対象者は個人事業主や中途退職者などです。

普通徴収

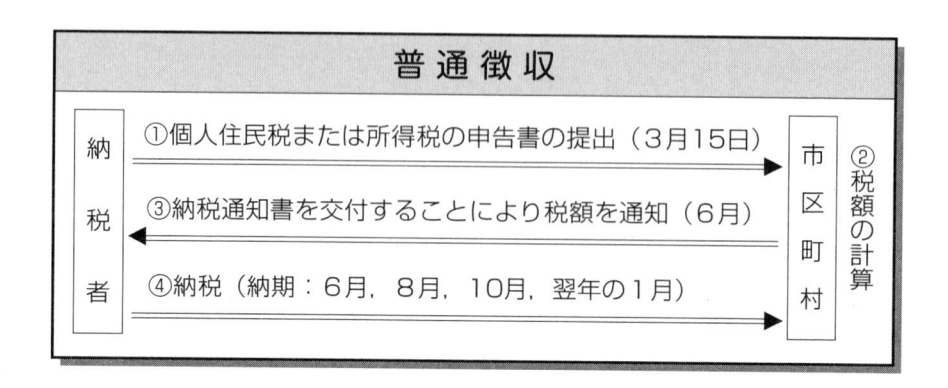

```
納税者 ①個人住民税または所得税の申告書の提出（3月15日） → 市区町村
       ③納税通知書を交付することにより税額を通知（6月） ←
       ④納税（納期：6月，8月，10月，翌年の1月） ↔
                                              ②税額の計算
```

特別徴収（給料から天引きする方法）

　特別徴収は，源泉所得税と同じように都道府県民税と市町村民税を給与から直接差し引く方法です。給与所得者については給与の支払者が特別徴収義務者となり，6月から翌年5月まで12回に分けて給与支払の際に徴収してそれを国に納付します。

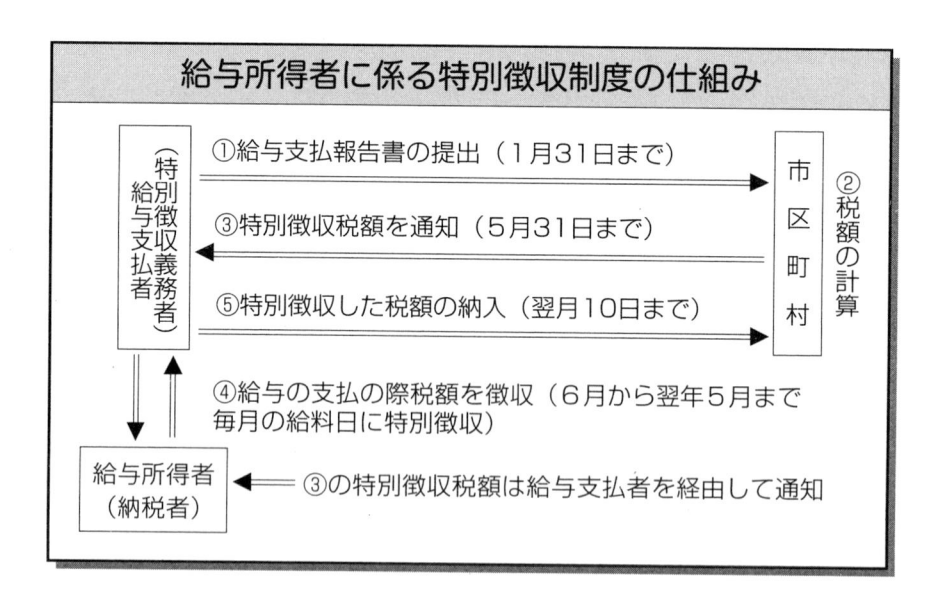

給与所得者に係る特別徴収制度の仕組み

```
（特別徴収義務者）給与支払者
  ①給与支払報告書の提出（1月31日まで） → 市区町村
  ③特別徴収税額を通知（5月31日まで） ←
  ⑤特別徴収した税額の納入（翌月10日まで） →
                                          ②税額の計算

給与所得者（納税者）
  ④給与の支払の際税額を徴収（6月から翌年5月まで毎月の給料日に特別徴収）
  ③の特別徴収税額は給与支払者を経由して通知
```

CHAPTER 4 税金はどのようにして集めるのか

公的年金等所得者

　公的年金等所得者の公的年金等に係る個人住民税については平成21年度分から特別徴収の方法によって納付します。

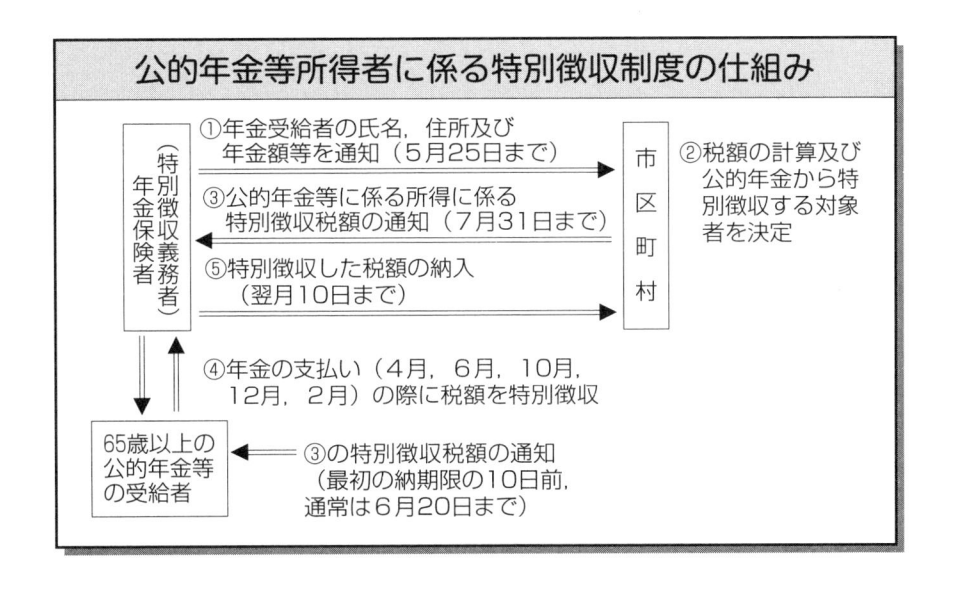

公的年金等所得者に係る特別徴収制度の仕組み

（特別徴収義務者　年金保険者）

① 年金受給者の氏名，住所及び年金額等を通知（5月25日まで） → 市区町村

③ 公的年金等に係る所得に係る特別徴収税額の通知（7月31日まで） → 市区町村

⑤ 特別徴収した税額の納入（翌月10日まで） → 市区町村

市区町村 → ② 税額の計算及び公的年金から特別徴収する対象者を決定

④ 年金の支払い（4月，6月，10月，12月，2月）の際に税額を特別徴収

65歳以上の公的年金等の受給者 ← ③の特別徴収税額の通知（最初の納期限の10日前，通常は6月20日まで）

41

PART 2

税務会計入門

CHAPER 5　個人事業所得の計算と課税
CHAPER 6　法人事業所得の計算と課税
CHAPER 7　税効果会計と繰延税金資産・負債
CHAPER 8　事業税の仕組みと問題点
CHAPER 9　消費税の仕組みと問題点

CHAPTER 5

個人事業所得の計算と課税

1 　所得の種類と所得控除の種類
2 　所得税法における事業所得の内容
3 　事業用固定資産の譲渡による所得
4 　事業所得の金額の計算
5 　収入金額の原則
6 　必要経費の原則
7 　総収入金額
8 　必 要 経 費
9 　所得計算の特例
10　青色申告制度
11　税額の計算
12　税 額 控 除

1 所得の種類と所得控除の種類

　所得税法では所得の種類を10に分類し，それぞれの所得ごとに所得金額を計算し，課税標準の計算において通常個人生活に必要な費用等（所得控除という）を控除して課税所得金額を求めて，税金の金額を算出しています。

　なお，税額の計算は基本的には「課税の公平」という概念により累進税率による方法を採用しています。ただし，退職所得金額及び山林所得金額については，長期間の成果が一時に発生するので，この超過累進税率の弊害を排除するために，2分の1課税方式や5分5乗課税方式等による課税方法を採っています。

各種所得の種類	
資産性所得	利子所得
	配当所得
	不動産所得
勤労性所得	給与所得
	退職所得
資産性所得と勤労性所得が結合した所得	事業所得
	山林所得
臨時所得	譲渡所得
	一時所得
その他の所得	雑所得

所得控除の種類
雑損控除
医療費控除
社会保険料控除
小規模共済等掛金控除
生命保険料控除
地震保険料控除
寄付金控除
障害者控除
寡夫（寡婦）控除
勤労学生控除
配偶者控除
配偶者特別控除
扶養控除
基礎控除

2 所得税法における事業所得の内容

事業所得とは，農業，漁業，製造業，卸売業，小売業，サービス業その他の**事業から生じる所得**をいいます。ただし，不動産の貸付や山林の譲渡による所得は，事業所得ではなく，原則として，不動産所得や山林所得になります。

実務上は大きく以下の種類に分けて取り扱っています。

事業所得の内容	
営業所得	製造業，卸売業，小売業，サービス業，建設業及びその他の営業，畜産業，漁業など農業以外の事業から生じる所得。
農業所得	米，麦，野菜，花，果樹，繭などの栽培若しくは生産又は農家が兼業する家畜，家禽などの育成，肥育，採卵若しくは酪農品の生産などの事業から生じる所得。
その他	農事組合法人，漁業生産組合，共同組合等から支払を受ける従事分量配当のうち，一定のものは，原則として事業所得となります。

3 事業用固定資産の譲渡による所得

事業用の固定資産を譲渡した場合は，**譲渡所得**となります。この場合の譲渡損失は，譲渡所得の損失となり，事業所得の必要経費には算入できません。

ただし，試用期間が1年未満の減価償却資産又は取得価額が10万円未満の減価償却資産，取得価額が20万円未満のもので一括償却資産の必要経費算入の規定の適用を受けた減価償却資産は，譲渡所得の対象となる資産から除かれます

ので，これらの譲渡代金は事業所得の対象となります。

4　事業所得の金額の計算

事業所得の金額は［総収入金額－必要経費］により計算されます。

5　収入金額の原則

その年分の事業所得の収入金額は，その年において収入すべき金額であり，その収入の基因となった行為が適法であるか違法であるかは問いません。したがって**違法な行為（盗難等）から生じた収入**であっても，現に経済的効果が生じている限り収入金額となります。

収入金額は，現実に収入した金額ではなく，**収入すべき金額によって計上する権利確定主義**です。**販売代金を金銭以外の物や権利その他経済的利益によって収入する場合**は，その物や権利その他経済的利益のその収入する時における価額（時価）によって収入金額を計算します。

6　必要経費の原則

その年分の事業所得の金額の計算上差し引く必要経費は，原則として，事業所得の総収入金額に対応する売上原価その他その収入を得るために直接要した費用の額及びその年の販売費，一般管理費，その他事業所得を生ずべき業務について生じた費用（償却費以外の費用でその年に債務の確定していないものを除く）の額とします。

7 総収入金額

事業所得の総収入金額には以下のものがあります。

1．売上金額
それぞれの事業の売上金額（収入金額）

2．家事消費等
事業の商品等の棚卸資産を家事のために消費した場合や，贈与をした場合のような資産の販売額。

3．その他以下のような収入
(1) 空箱，作業屑の売却代金。
(2) 仕入割引，リベート。
(3) 事業上の貸付金の利子。
(4) 商品等の棚卸資産について支払われる保険金や損害賠償金。
(5) 金銭以外の物や権利などによる収入。
(6) 買掛金の債務免除益。
(7) その他事業上発生する売上以外の収入。

4．農業所得の収入金額
(1) 収穫した農産物は，その農産物を収穫した時に収入があったものとします。
(2) 農産物を収穫した場合に，収穫した時における収穫価額を収入金額とします（その収穫時における生産者販売価額）。

8 必要経費

　事業所得の必要経費にすることができるものは，事業収入を得るために必要なもので，以下のようなものがあります。

1．売上原価

　売上原価は，その年1月1日現在の棚卸資産の価額（期首棚卸高）と，その年中に取得した棚卸資産の取得価額（仕入高，製造原価）との合計額から，その年12月31日現在の棚卸高について，その定められた評価の方法に従って評価した価額（期末棚卸高）を差し引いて計算します。

2．有価証券の譲渡原価

　事業所得の基因となる有価証券の譲渡原価は，同一銘柄の有価証券ごとに次の算式で計算します。

　　（年初評価額）＋（その年中の買入高）－（年末の評価額）＝譲渡原価

3．親族に支払う給与，賃借料等

　事業所得を生ずべき事業を営むもの（以下「事業者」という。）がその事業者と生計を一にする配偶者その他の親族に給料，家賃，借入利息などを支払っても，その金額は必要経費に算入できません。ただし，その支払を受けた親族のその収入を得るために要した費用がある場合は，その経費を支払った事業者の必要経費に算入します。

4．販売費及び一般管理費

（租税公課）

　原則として，その年中に納付額が具体的に確定したものに限られます。

（地代，家賃，損害保険料等）

　業務用の土地建物などの賃借料，業務用の固定資産又は棚卸資産について支払う火災保険などは必要経費に算入します。ただし，建物が居住と店舗に併用される場合は，家事用の部分は除きます。

（借地権の更新料）

　業務の用に供する土地の借地権又は地役権の存続期間更新のために更新料を支払った場合は，その更新料等を借地権又は地役権の取得価額に算入するとともに，一定に計算された金額を，その更新のあった日の属する年分の必要経費に算入します。

（接待費，交際費及び寄付金）

　接待費，交際費及び寄付金は，その支出した金額のうちに相手方，支出の理由などからみて専ら業務の遂行上直接必要と認められ，しかも，寄付金についてはその支出が実際上拒絶できなかったと認められる部分の金額があるときは，その部分の金額に限り必要経費に算入されます。

（借入金利子，割引料）

　事業資金の負債の利子は，その計算期間のうちその年に属する期間に対応する部分の金額を必要経費に算入します。

（福利厚生費）

　従業員の慰安，保健，療養などのために支払った費用及び事業主が負担することとなっている健康保険，厚生年金保険，雇用保険などの保険料は，必要経費に算入します。

（修繕費）

　業務用の建物等の修繕に要した費用は，必要経費に算入できます。また，業務用として借りた建物などを修繕した場合の費用も，貸主にその

費用を請求できないものは必要経費に算入できます。ただし，修繕費等の名目のいかんにかかわらず，一定の金額については，資本的支出として，減価償却の対象となります。

（減価償却費）

建物，機械，器具備品，車両運搬具などの固定資産ならびに繰延資産については，法定償却方法により計算された金額を必要経費に算入します。この減価償却費は法人税法とは違い，任意償却ではなく強制償却です。

（事業用固定資産等の損失）

事業所得を生ずべき事業の用に供する固定資産及び繰延資産（未償却部分の金額）について，取り壊し，除却，滅失その他の事由により損失が生じたときは，その部分の金額（保険金，損害賠償金等により補てんされる部分の金額及び資産の譲渡により又はこれに関連して生じたものを除く。）を，その損失の生じた日の属する年分の必要経費に算入します。

（雇用費）

使用人に対して支払う給料，賃金，退職手当又は現物給与は，必要経費に算入します。

（貸倒損失等）

事業の遂行上生じた売掛金，貸付金，前渡金などの債権の貸し倒れによる損失の金額は必要経費に算入します。

5．農業所得の計算

農業所得において，農産物を販売したときは，その販売価額を収入金額，収穫価額を必要経費とします。

9　所得計算の特例

●小規模事業者の収入及び費用の帰属時期の特例

　青色申告者（次の10を参照）で事業所得を生ずべき業務を行う小規模事業者は，選択により**現金主義**により所得計算をすることができます。ただし，業務の譲渡，廃業，死亡の場合は，この特例の適用はありません。

●廃業後の費用の特例

　事業の廃止後に，費用又は損失で事業を継続していれば，必要経費に算入されるものが生じた場合には，これらを廃業の年分又はその前年分の必要経費に算入できます。

●家内労働者等の特例

　家内労働者等の所得計算については，必要経費を最低65万円とすることができます。ただし，給与所得，雑所得がある者は別途一定に計算された金額となります。

10　青色申告制度

●**青色申告者**

　事業所得を生ずべき業務を営む人は，納税地の所轄税務署長の承認を受けて，**確定申告書**（修正申告書も含む。）を青色の申告書により提出するこができます。この申告のできる人を**青色申告者**といいます。

●**帳簿書類及び取引の記録**

　青色申告者は，所得金額が正確に計算できるように，規定の帳簿を備えすべての取引を**正規の簿記の原則**に従い，整然かつ明瞭に記録することになっています。

●**青色申告書の添付書類**

　青色申告書には，次の書類を添付しなければなりません。

---

(1)　貸借対照表
(2)　損益計算書
(3)　所得金額の計算に関する明細書
(4)　純損失の金額の計算に関する明細書

●青色申告の特典

青色申告者には，次に掲げるような各種の特典が設けられています。

青色申告の特典	
棚卸資産の評価関係	棚卸資産の低価法による評価の選択
償却費関係	機械を取得した場合の特別償却その他 障害者を雇用した場合の機械の割り増し償却その他
引当金，準備金関係	貸金に係る貸倒引当金の設定その他 プログラム準備金の積立その他
税額控除関係	試験研究費の特別控除その他
純損失関係	純損失の繰越控除 純損失の繰戻しによる還付
雇用費関係	青色事業専従者給与の必要経費算入
青色申告特別控除	所得金額の計算上万65万円を限度として控除されます。

11 税額の計算

　以上により算出された事業所得は他の各種所得の金額と合算され総所得金額となり，各種所得控除を適用後の課税総所得金額に対して以下の割合で**累進税率**により課税が行われます。

課税される所得金額	税率	控除額
1千円から　1,949千円まで	5%	0円
1,950千円から　3,299千円まで	10%	97,500円
3,300千円から　6,949千円まで	20%	427,500円
6,950千円から　8,999千円まで	23%	636,000円
9,000千円から 17,999千円まで	33%	1,536,000円
18,000千円以上	40%	2,796,000円

12 税額控除

　上記により算出された金額から，配当控除，措置法規定による各種税額控除，外国税額控除を行い，さらに源泉徴収された所得税がある場合には，これらを控除した税額（百円未満の端数切捨て）から，予定納税額を控除した金額が確定申告により納付すべき所得税額となります。

CHAPTER 6

法人事業所得の計算と課税

1　法人にはどんな種類があるか
2　法人税はどう計算するのか
3　課税所得の計算はどうするのか
4　益金（収益）の計算
5　損金（費用）の計算
6　欠損金が生じたらどうするのか
7　法人税額はどう計算するのか
8　申告と納付はいつするのか
9　確定申告が間違っていたときはどうするのか
10　確定申告書の提出を忘れていたときはどうするのか
11　青色申告をするためにはどうするのか
12　連結納税制度とはどんな制度か
13　連結所得の金額，税額はどのように計算するのか

既にPART 1 のCHAPTER 3 で述べましたように，法人（会社）に課す税金にはいろいろありますが，法人（会社）が継続的な事業活動によって稼いだ利益（所得）に課す税金が「**法人税**」です。広い意味での所得税の一種です。法人税は国がかける国税になります。

1　法人にはどんな種類があるのか

法人の本店が，日本国内にあるかどうかによって，法人を**内国法人**と**外国法人**に区分しています。

内国法人（日本国内に本店を有する法人）は，法人税を納める義務があります。これに対して，**外国法人**（内国法人以外の法人）は，**国内を源泉とする所得を有するときは法人税を納める義務**があります。

法人は5つの種類に分けています。

法人の種類	
公共法人	地方公共団体，日本放送協会，日本道路公団など
公益法人等	宗教法人，学校法人，公益社団・公益財団法人，日本赤十字社など
協同組合等	農業協同組合，信用金庫，商工組合，消費生活協同組合など
普通法人	株式会社，有限会社，医療法人など
人格のない社団等	ＰＴＡ，同窓会，町内会，学会など ＰＴＡ，同窓会，町内会などは，法律によって設立されたものではないので，法律上の法人ではありません。しかし，税法では，法人とみなしています。

法人の種類と課税内容

法人の種類	法人税がかかるか	
	かからない	かかる
① 公共法人	全くかからない 納税義務なし	
② 公益法人等	公益事業にはかからない	収益事業にはかかるが低税率
③ 協同組合等		すべての事業にかかるが低税率
④ 普通法人		すべての事業にかかる
⑤ 人格のない社団等	本来の事業にはかからない	収益事業にはかかる

　内国法人のうち普通法人及び協同組合の**清算所得**についても法人税の課税が行われます。

2　法人税はどう計算するのか

　法人税は**会社の利益**（税法では**所得**と呼びます）に対してかかる税金です。

　法人税の課税対象となる各事業年度の所得の金額は，その事業年度の**収益**（税法では**益金**）から**費用**（税法では**損金**）を差し引いて計算します。

　しかし利益と所得は必ずしも一致しません。それは，企業会計，会社法，税法で，それぞれの目的が違うことによります。

PART 2　税務会計入門

　会社の利益は，会社法や企業会計原則などによって計算し，その目的は株主に対して会社の経営成績や財政状態を正確に報告することです。

　これに対して，**所得金額**は，税金をかけるということで，**税収の確保**と**課税の公平**を目的として計算されます。

　よって，利益と所得に違いが生じることになります。

3　課税所得の計算はどうするのか

　先に述べたように利益と所得は必ずしも一致しません。ということは税法上の益金と会計上の収益は，必ずしもイコールではありませんし，税法上の損金と会計上の費用も，またイコールではありません。益金と収益の違いの部分と損金と費用の違いの部分を整理して課税所得を計算します。

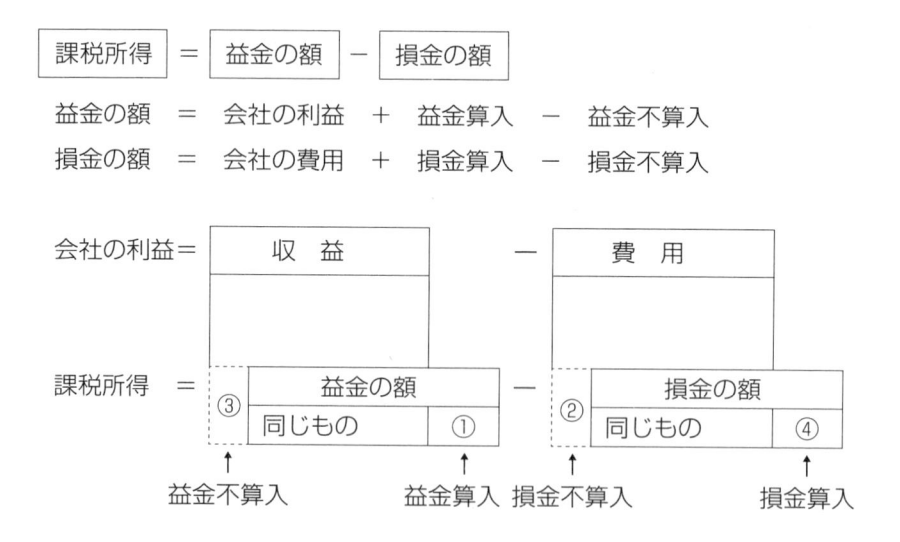

```
課税所得 ＝ 益金の額 － 損金の額
益金の額 ＝ 会社の利益 ＋ 益金算入 － 益金不算入
損金の額 ＝ 会社の費用 ＋ 損金算入 － 損金不算入
```

会社の利益＝　収　益　－　費　用

課税所得＝　③｜益金の額｜同じもの｜①　－　②｜損金の額｜同じもの｜④

　　　　　　　↑　　　　　↑　　　　　↑　　　　　↑
　　　　益金不算入　　益金算入　　損金不算入　　損金算入

- 会社の利益にプラスにするもの
    ① 益金算入（企業会計上の収益ではないが法人税では益金になるもの）
    ② 損金不算入（企業会計上は費用であるが法人税では損金とならないもの）

- 会社の利益をマイナスにするもの
    ③ 益金不算入（企業会計上の収益であるが法人税では益金にならないもの）
    ④ 損金算入（企業会計上は費用ではないが法人税では損金となるもの）

4 益金（収益）の計算

1．商品の販売による収益はいつ計上するのか
　商品や製品等の販売による収益（売上）は，通常その商品などの「引渡し」があった日に計上します。

　商品の売上高は，会社の収益のなかで大きなウエイトを占めています。

　したがって，決算期末の前後にまたがって商品を売っている場合，当期の収益に計上するか，翌期の収益に計上するかは，大事な問題となります。

　通常の形態での商品販売における収益計上はその商品を相手方に渡しした日に収益を計上します。

　しかし，注文を遠隔地からうけて商品を発送する場合や，相手方が商品の検査をして合格したものだけが納められることになっている場合など，いつ引渡しが行われたのか，その判定に苦しむケースが少なくありません。

そこで、税法では、
> 出荷した日
> 相手方が検収した日

の、どちらの基準を選んでもよいことになっていますが、いったん採用した基準は、**継続**しなければなりません。

2. 請負による収益はいつ計上するのか

建設工事等の請負による収益は、その工事期間、請負金額に応じて、工事完成基準又は工事進行基準により計上します。

① 工事完成基準

長期大規模工事以外の工事については、原則として工事が完成し目的物を引渡した日に収益を計上します。

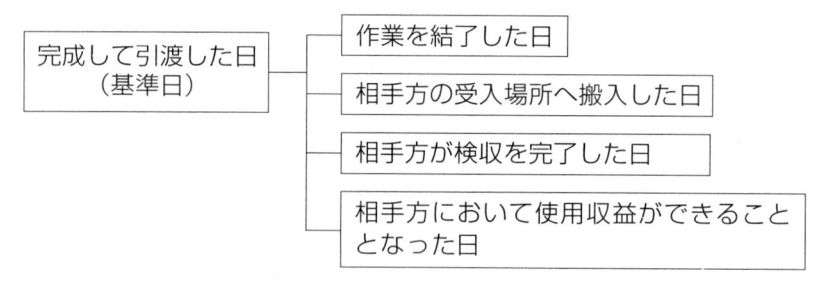

```
完成して引渡した日 ─┬─ 作業を結了した日
   （基準日）      ├─ 相手方の受入場所へ搬入した日
                  ├─ 相手方が検収を完了した日
                  └─ 相手方において使用収益ができること
                     となった日
```

(注) 1　運送の請負のように物の引渡しを要しない請負については、原則として役務の提供が終了した日の収益に計上します。
　　 2　どの基準を適用するかについては、工事等の種類及び性質、契約の内容等に応じ、その引渡しの日として合理的であると認められるものを継続的に適用することが必要です。

② 工事進行基準

　工事（製造及びソフトウェアの開発を含む）の請負にかかる収益については，

　　長期大規模工事

　　その他の工事

の，2つに区分して，次のような計上基準となります。

工事の内容		計上基準
長期大規模工事 （要　件） ・着手の日から目的物の引渡しの日までの期間が1年以上であること ・請負の対価が10億円以上であること ・請負の対価の額の2分の1以上が目的物の引渡しの日から1年を経過する日後に支払われるものでないこと ・損失が見込まれる工事を含む		工事進行基準
その他の工事	上記以外の工事で2事業年度以上にわたるもの	工事進行基準か工事完成基準かの選択
	上記以外のもの	工事完成基準

　工事進行基準では，工事の進行度合に応じて，それぞれの事業年度に収益と費用を計上します。

3．受取配当金は益金にならない

　法人が受けた利益の配当等は，企業会計上の収益となりますが，法人税法上は一定の申告手続を条件にこれを益金の額に算入しないことができます。

　税法では会社は個人の集合体であって，法人税は個人に対する前払いである，という考え方にたっています。

例えば，会社から配当金を受け取りますと，その配当金について所得税がかかります。配当金というものは，会社の剰余金の分配で決まります。ということは，法人税がかかったあとの利益のなかから，配当されることになります。

同じ配当金に法人税と所得税が二重に課税されることになります。そのため，この**二重課税を排除**するため所得税では**配当控除**の制度により調整を行っています。

そこで，株主が法人の場合においても，この二重課税を排除するために会社が他の会社から受け取った配当金は益金とはならない，すなわち，法人税がかからないことになっています。

4．評価益と還付金はどうなるのか
- 土地の値上り益は計上できるか

例えば，現在会社がもっている土地の帳簿価額より，時価が高いとします。
そこで，土地の値上り益，すなわち評価益を計上して，土地を時価で表示することができるか，ということです。

会社法や企業会計では，資産の帳簿価額は，その資産を買ったときの価額で計上する**取得価額主義**をとっています。税法においても，同じ取扱いをすることになっています。
これは，**未実現の利益**を計上すると，会社の健全性が損なわれるからです。かりに，会社が評価益を計上した場合，それは益金とはなりません。

• 税金の還付金はどう扱われるか

　納めた税金の還付をうけた場合，企業会計では，収益に計上します。

　ところが，税法では，

　　納めすぎた法人税・住民税

などは，**還付をうけても，益金にならない**ことになっています。

　この２つの税金は，過去に納付したとき，損金となっていません。したがって，納付したとき損金にならない税金が還付されたら，益金にならない，裏腹の関係として当然のことです。

5．資産の贈与や債務免除を受けたときはどうするのか

　資産の贈与や債務の免除を受けた場合には，特定の場合を除いて**受贈益**又は**債務免除益**として課税されます。

　原則的取扱いとして，

> 無償での譲受け(ゆずりうけ)は資産の時価で受贈益を計上する
> 低額での譲受けは資産の時価と譲受価額との差額が受贈益になる
> 債務の免除は免除を受けた金額が債務免除益になる

　例外的な取扱いとして，広告宣伝目的の資産の一部や会社整理等における債務免除等は益金に算入しません。

5 損金（費用）の計算

1．費用はいつ計上するのか

　税法では，企業会計とほぼ同じ原理で，費用を計上することになっています。売上原価は，売上高に対応するものだけが損金になります。

　また，販売費及び一般管理費などは，当期の期間に対応するものが損金になります。

　なお，このような費用について未払計上する場合，税法では，決算期末までに債務が確定していなければ損金になりません。

　この「**債務が確定**」しているというのは，
　① **債務があるということが明確になっていること**
　② **その債務の原因となる事実が発生していること**
　③ **その金額が合理的に算定できること**
の，3つの要件をすべて満たしているものをいいます。

2．短期の前払費用の処理はどうするのか

　前払費用のうち，その支出の日から1年以内に提供を受ける役務に係るものは，継続適用を条件として，支払った日の属する事業年度において損金に計上することができます。

　前払費用とは，一定の契約に基づき，継続的に役務の提供を受けるために支出した費用で，期末までにまだ役務の提供を受けていないものをいい，また例えば，土地建物の賃借料，保険料，借入金の利子，信用保証料などの支払額のうち前払いに該当する部分がこれに該当します。

したがって，一定の時期に特定のサービス（役務の提供）を受けるためにあらかじめ支出した対価（例：前払給与，顧問料，テレビのCM料等），あるいは，物の購入や生産に要する対価はこれに該当しません。

ただし，借入金を預金や有価証券などに運用する場合の借入金の利息のように収益と対応させる必要があるものについては，1年以内の短期前払費用であっても，支払時点で損金の額に算入することは認められません。

3．減価償却資産とはどのようなものか

(1) 減価償却資産とは，建物，機械，車両のように使用又は時の経過に伴い，その価値が減少していく資産をいいます。

減価償却できる資産は，例えば，

建物，構築物，機械装置，車両運搬具，工具器具，備品

などです。

しかし，土地，借地権，書画骨董などは，価値が減るどころか，なかには，時がたてばたつほど価値があがるものもあり減価償却資産に該当しません。

(2) **費用にできる資産とはどんなものか**

減価償却資産は，使用を始めた年に一度に全額を費用にすることはできません。

しかし，その資産の

取得価額が10万円未満のものは，

使用を始めたときに，一度に費用にしてもよいことになっています。

また「20万円未満」の減価償却資産については,
① それぞれの耐用年数にもとづいて,個々の資産ごとに償却計算をする
② 同一事業年度内に取得した資産をまとめて,その全額を3年で均等償却する

のいずれかを選択適用することができます。

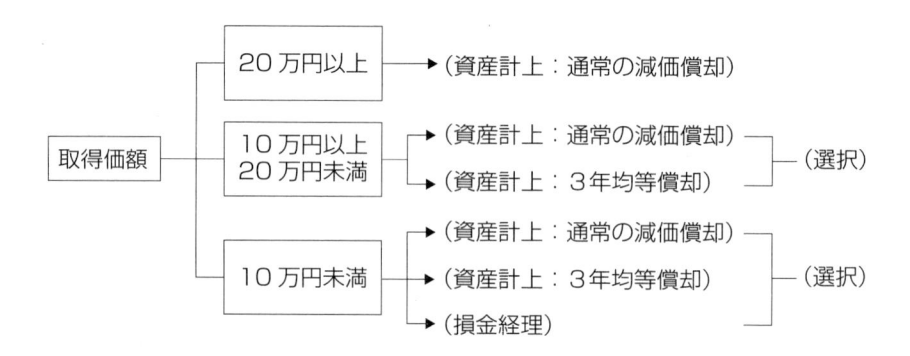

```
取得価額 ─┬─ 20万円以上 ──→ (資産計上:通常の減価償却)
         │
         ├─ 10万円以上   ┬→ (資産計上:通常の減価償却) ┐
         │  20万円未満   └→ (資産計上:3年均等償却)   ┘─(選択)
         │
         └─ 10万円未満   ┬→ (資産計上:通常の減価償却) ┐
                        ├→ (資産計上:3年均等償却)   ├─(選択)
                        └→ (損金経理)              ┘
```

平成15年度の税制改正によって,次のような少額減価償却資産の取得価額を全額損金に算入できる制度が創設されました。

項　　目	内　　容
対象法人	青色申告している中小企業者等
適用期間	平成15年4月1日から平成26年3月31日までの間に取得,製作,建設して,かつ,事業の用に供する
対象資産	取得価額が30万円未満の減価償却資産 ただし,取得価額の合計額が年300万円を超える部分にかかる減価償却資産は,対象外となる
会計処理要件	取得価額を事業の用に供した日を含む事業年度において損金経理する
明細書添付要件	確定申告書にその資産に関する明細書を添付する

4．減価償却資産の取得価額はどう計算するのか

減価償却資産の取得価額には購入代価のほか，付随費用も含まれます。

1．購入した資産は

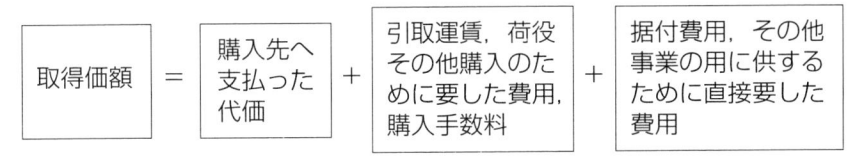

取得価額 ＝ 購入先へ支払った代価 ＋ 引取運賃，荷役その他購入のために要した費用，購入手数料 ＋ 据付費用，その他事業の用に供するために直接要した費用

2．自社が建設，製造した資産は

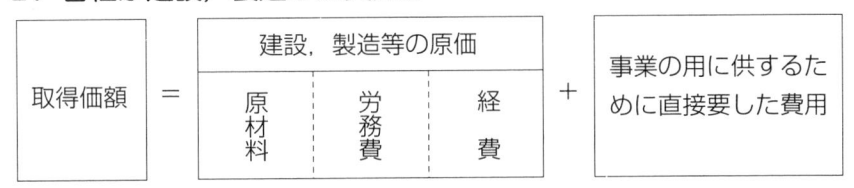

取得価額 ＝ 建設，製造等の原価（原材料／労務費／経費） ＋ 事業の用に供するために直接要した費用

5．減価償却にはどんな方法があるのか

減価償却の方法は，定額法，定率法，生産高比例法等があり，資産の種類に応じて選択できる償却方法が定められています。

減価償却の方法は平成19年度の税制改正で大幅に改正されました。それは，平成19年3月31日以前に取得された減価償却資産に適用される減価償却方法が，旧来からの呼称を変更されて**旧定額法**，**旧定率法**および**旧生産高比例法**とされ，平成19年4月1日以後に取得された減価償却資産に適用する減価償却方法が改めて，定額法，定率法，および，生産高比例法とされました。

PART 2　税務会計入門

現在適用できる減価償却方法は次のように定められています。

減価償却資産の種類	選定できる減価償却方法	
	平成19年３月31日以前取得分	平成19年４月１日以後取得分
建物	平成10年３月31日以前取得分 旧定額法，旧定率法	定額法
	平成10年４月１日以後取得分 旧定額法	
鉱業用減価償却資産	旧定額法 旧定率法 旧生産高比例法	定額法 定率法 生産高比例法
その他の有形固定資産	旧定額法 旧定率法	定額法 定率法
無形固定資産	旧定額法	定額法
生物	旧定額法	定額法

6．償却限度額はどう計算するのか

償却限度額は，次の算式によって計算します。

旧定額法

> 償却限度額＝（取得価額－残存価額）×旧定額法償却率

旧定率法

> 償却限度額＝期首帳簿価額×旧定率法償却率

旧生産高比例法

$$償却限度額 = (取得価額 - 残存価額) \times \frac{その事業年度の実際採掘量}{残存採掘予定数量}$$

定　額　法

$$償却限度額 = 取得価額 \times 定額法償却率$$

定　率　法

$$償却限度額 = 期首帳簿価額 \times 定率法償却率$$

ただし，この償却限度が**償却保証額**（＝取得価額×保証率）に満たないこととなる場合には，その満たないこととなる事業年度の期首帳簿価額を改定取得価額とみなして，改定取得価額に改定償却率を乗じて計算した金額を各事業年度の償却限度額とします。

$$償却限度額 = 改定取得価額 \times 改定償却率$$

生産高比例法

$$償却限度額 = 取得価額 \times \frac{その事業年度の実際採掘量}{残存採掘予定数量}$$

・**耐用年数および償却率等**

減価償却計算の計算要素である減価償却資産の耐用年数，耐用年数に応じた償却率等，および残存価額については，「**減価償却資産の耐用年数等に関する省令**」でそれらの税務上の取り扱いを定めています。

耐用年数，償却率等および残存価額が法定されていることから，法人が独自にこれらを決定して減価償却費を算出しても，これはただちに税務上の減価償却費として認められません。そのため，減価償却費として費用に計上した金額のうち償却限度額に達するまでの金額が税務上の損金として認められることになります。

7．繰延資産とはどんなものか

繰延資産とは，法人の支出費用のうち，その効果が将来に影響するものをいいます。これらの費用は一時に損金とすることはできません。適正な期間配分の観点から繰延資産として計上し，償却という方法で支出の効果の及ぶ期間にわたって損金に計上していくことになります。

繰延資産の範囲と償却限度の計算は，次のとおりです。

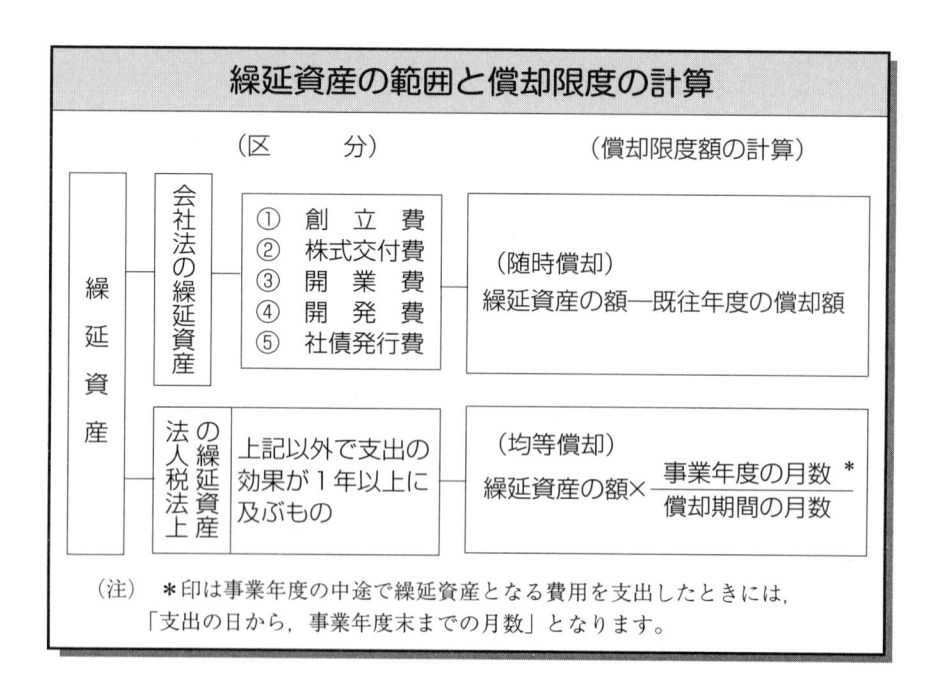

繰延資産の範囲と償却限度の計算

繰延資産	区分		償却限度額の計算
	会社法の繰延資産	① 創立費 ② 株式交付費 ③ 開業費 ④ 開発費 ⑤ 社債発行費	（随時償却） 繰延資産の額―既往年度の償却額
	法人税法上の繰延資産	上記以外で支出の効果が1年以上に及ぶもの	（均等償却） 繰延資産の額 × $\dfrac{\text{事業年度の月数}}{\text{償却期間の月数}}$ *

（注）＊印は事業年度の中途で繰延資産となる費用を支出したときには，「支出の日から，事業年度末までの月数」となります。

8．役員の報酬や賞与は損金となるのか

役員に対して支給する報酬のうち不相当に高額な部分の金額，事実の隠ぺい又は仮装経理による金額及び賞与の金額は，損金の額に算入できません。

• 税法上の役員とは

役員というと，会社法の規定によって，株主総会で選ばれて就任した人をいいます。すなわち，**取締役，執行役，会計参与，監査役**です。

しかし，役員という肩書きはなくても，事実上その会社の経営にタッチしている人も少なくありません。そこで，税法では，次の人たちも，役員として扱っています。

① 相談役・顧問など，会社の経営にタッチしている人
② 同族会社の使用人のうち，一定の大株主で，その会社の経営にタッチしている人

このように，会社法上の役員でなくても，実質的には役員と同じような人を，税法上，「**みなし役員**」といいます。

「**従業員**」に支払う給与は，損金となります。しかし，役員に対する給与については，いろいろな制限があります。だから，役員になるかならないかは，法人税を計算するうえで大変重要な影響を与えます。

• 高すぎる役員給与はどうなるか

役員給与のうち，定期的なものは，原則として損金とになります。

税法では，役員給与（退職金，使用人兼務役員の使用人分給与を除く）のうち，**不当に高すぎる部分**は，損金にならないことになっています。

この高すぎるかどうかの判断は，次の2つによって行います。
① **実質基準**
② **形式基準**
これによって，2つとも高すぎるということになった場合は，そのいずれか多い方の金額が，損金にならないことになります。

① **実 質 基 準**
　　役員1人1人について，その職務の内容，その会社の収益や使用人給料の支給状況，同業種，同規模の他社の役員給与からみて，高すぎる部分があるかないか。

② **形 式 基 準**
　　定款や株主総会などの決議によって，支給限度額を定めている場合，その限度額を超えているか超えていないか。

役員に対する退職金は，不当に高すぎないことを条件に，損金になります。

役員退職金が高すぎるかどうかは，**退職の事情，在職年数，同業種同規模の他社の役員退職金**などを参考にして判定します。

また，役員退職金が損金となるタイミングについては，税法上の扱いでは，**株主総会の決議などで，その退職金の額が決まった日**に，損金になります。

9．寄付金は損金となるのか
　法人が支出した寄付金のうち，一定限度額を超える寄付金の額は損金となりません。

- 寄付金とはどんなものか

　税法では、お金を寄付したり、資産をタダであげたり、することはもちろんのこと、**貸付金の利息をまけてあげたり、時価よりも安く資産を売ったりする**ことも、寄付金となります。

　税法では、会社が支出した寄付金をぜんぶ損金として認めるということではありません。

　一定の限度額の計算は、次のようになっています。

寄付金の損金限度額

① 一般寄付金の限度額

$$資本金等の額 \times \frac{当月の月数}{12} \times \frac{2.5}{1,000} \quad \cdots\cdots Ⓐ$$

$$所得の金額 \times \frac{2.5}{100} \quad \cdots\cdots Ⓑ$$

$$(Ⓐ + Ⓑ) \times \frac{1}{4} = 限度額$$

② 指定寄付金などの特例

　会社が、

　　国や地方公共団体に対する寄付金

　　財務大臣が特別に指定した寄付金

を支出した場合には、①の一般寄付金の限度額にかかわらず、その全額が損金として認められます。

　また、特定公益増進法人に対する寄付金の特例もあります。

---

10. 交際費は損金となるのか

法人が支出する交際費等の額のうち一定限度額を超える交際費等の額は損金となりません。

●損金となる交際費には限度がある

交際費は，寄付金と違って，事業をやっていくうえで必要な支出です。
そのような支出であれば，当然その支出された金額が損金となるはずです。

しかし，会社は，本来，商品，質，値段，サービスなどで競争すべきであって，得意先を酒などでもてなしたり贈り物をして売上げを伸ばそうというのは，健全な商慣習という面からみて，あまり感心したことではありません。

また，このような交際費の支出をできるだけ抑えようということで，税法では，交際費は，原則として<u>その全額を損金としない</u>ことにしています。
非常にキビしい規定です。

しかし，中小会社については，特別に，交際費のうち一定の限度額までは，損金として認められることになっています。

その**一定の限度額**は，期末の資本金によって，次のように定められています。

交際費の損金算入

・資本金が1億円以下の会社

《平成25年4月1日前に開始する事業年度》

 (イ) 交際費の金額が，年間600万円未満の場合

   交際費の金額×90％

 (ロ) 交際費の金額が，年間600万円以上の場合

   600万円×90％

《平成25年4月1日から平成26年3月31日までの間に開始する事業年度》

 (イ) 交際費の金額が，年800万円未満の場合

   交際費の全額

 (ロ) 交際費の金額が，年800万円以上の場合

   800万円

交 際 費

費 目	交際費，接待費，機密費その他の費用
相手方	得意先，仕入先その他事業に関係ある者等に対するもの
目 的	接待，供応，慰安，贈答などのために支出するもの

・仮払金，未払金等といて経理されている交際費等であっても，接待等の事実のあった事業年度の交際費等の額に含めます。

・交際費等に当たる支出金については，原則として金額の多寡に関係ありません。

・役員個人の負担すべきものを法人が支出したり，渡切りの機密費等を支出したときは，その者に対する給与となります。

交際費等から除かれるもの

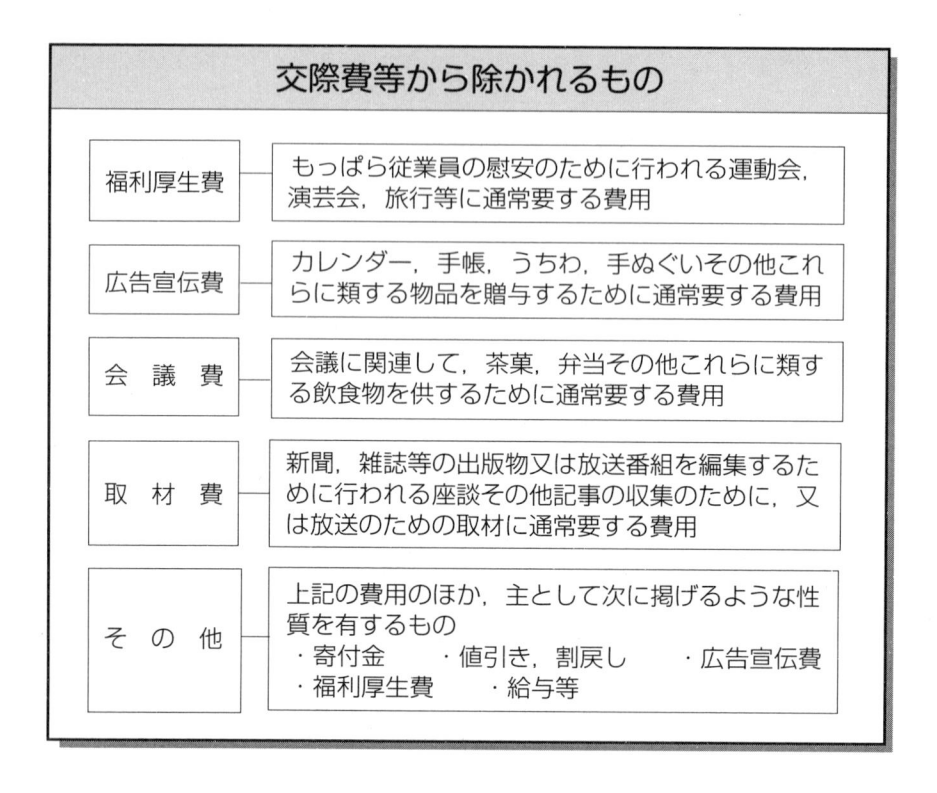

福利厚生費	もっぱら従業員の慰安のために行われる運動会，演芸会，旅行等に通常要する費用
広告宣伝費	カレンダー，手帳，うちわ，手ぬぐいその他これらに類する物品を贈与するために通常要する費用
会議費	会議に関連して，茶菓，弁当その他これらに類する飲食物を供するために通常要する費用
取材費	新聞，雑誌等の出版物又は放送番組を編集するために行われる座談その他記事の収集のために，又は放送のための取材に通常要する費用
その他	上記の費用のほか，主として次に掲げるような性質を有するもの ・寄付金　・値引き，割戻し　・広告宣伝費 ・福利厚生費　・給与等

11. 租税公課・罰科金は損金となるのか

会社が支払う税金には，たくさんの種類があります。

法人税・住民税・事業税・固定資産税・自動車税・印紙税・延滞税などの税金は，会社の意思にかかわらず納めなければなりません。

そうだとすれば，会社が支払った税金は，当然，租税公課として費用に計上するでしょう。

しかし，税法上の扱いでは，その税金の種類によっては損金になりません。すなわち，**損金不算入**となるものがあります。

損金にならない租税公課

- 法人税，都道府県民税（利子割額を含む），市町村民税
- 国税の延滞税，過少申告加算税，無申告加算税，不納付加算税，重加算税，過怠税
- 地方税の延滞金，過少申告加算金，不申告加算金，重加算金
- 税額控除の適用を受ける所得税額
- 外国税額控除の適用を受ける外国法人税額

損金になる租税公課

- 利子税，徴収猶予期間分の延滞金，消費税，地価税，地方消費税
- 事業税
- 自動車税，固定資産税等

損金にならない罰科金

- 罰金，科料又は交通反則金
- 外国又はその地方公共団体が課する罰金，科料

12. 売掛金が回収できなくなったらどうするのか

会社が事業をすすめていくうえで，例えば，取引先が倒産して売掛金などの回収ができなくなるなど，貸倒れの発生は避けられないところです。このような貸倒れによる損失は，当然，損金とすることができます。

しかし，あまり容易に貸倒れとして損金とすることを認めますと，課税の公平をはかることができなくなってしまいます。

そこで、税法では厳しい条件をつけて、貸倒損失の計上を認めています。すなわち、次の3つの場合に、貸倒損失を認めています。

貸倒損失の計上要件

① **債権の切捨てがあった場合**

債権の全部または一部が、
1) **法律の手続きによって**
2) **債権者集会の協議によって**
3) **債権放棄の通知によって**

切り捨てられた部分については、**貸倒損失**として、損金に計上することができます。

② **全額が回収できなくなった場合**

①は、売掛金などが切り捨てられて、法律的に債権がなくなってしまった場合です。

しかし、切り捨てられない場合であっても、相手方の資産状況や支払能力などから判断して、**その全額が回収できない**ということがハッキリしたときには、貸倒損失を計上することができます。

③ **取引をやめてから1年以上たっても回収できない場合**

---

②のように、売掛金が全部回収できるかどうかわからない場合であっても、貸倒損失に計上することができます。これが税法が貸倒れを認める一番ゆるやかな取扱いです。

このゆるやかな取扱いは、次の2つの事実があった場合に認められます。まず、その1つは、**取引をやめてから1年以上たっても売掛金が回収できない場合**です。もう1つは、同一地域の売掛金の総額が取立費用（旅費など）よりも

少なく,督促(とくそく)にかかわらず,売掛金が回収できない場合です。

13. 生命保険料は損金となるのか

法人が自己を契約者,役員又は使用人を被保険者として加入した生命保険の保険料はその種類,契約の内容によって取扱いが異なります。

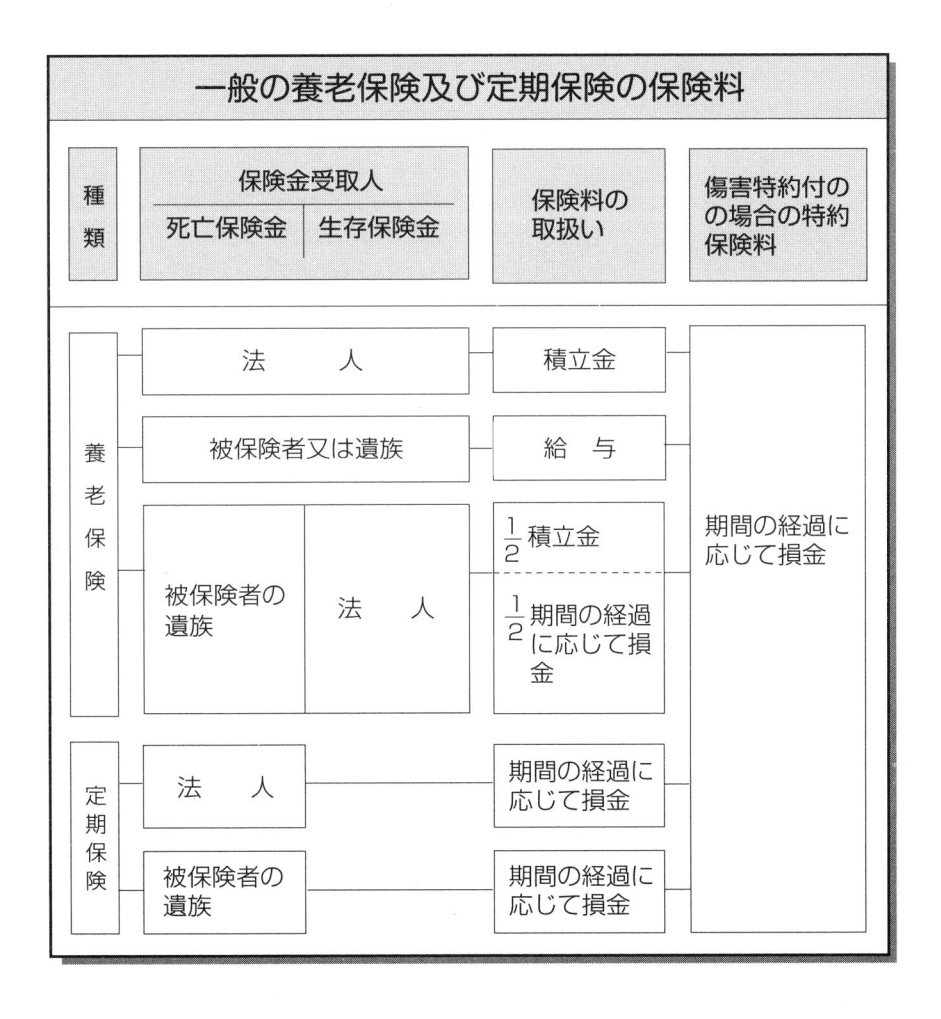

一般の養老保険及び定期保険の保険料

種類	保険金受取人		保険料の取扱い	傷害特約付の場合の特約保険料
	死亡保険金	生存保険金		
養老保険	法人		積立金	期間の経過に応じて損金
	被保険者又は遺族		給与	
	被保険者の遺族	法人	$\frac{1}{2}$ 積立金	
			$\frac{1}{2}$ 期間の経過に応じて損金	
定期保険	法人		期間の経過に応じて損金	
	被保険者の遺族		期間の経過に応じて損金	

14. 評価損は損金となるのか

原則として資産の評価損は損金になりませんが，特定の事実があったときは損金になります。

会社のもっている土地が値上りした場合に，その値上り益，すなわち**評価益**を計上することはできません。これは，前に評価益のところで述べたとおりです。同じように，例えば会社のもっている商品が値下りした場合も，やはり**評価損**を計上することは認められません。

値下りした商品を売らないで，ただもっているだけでは，値下りによる損失は実現していない，という考え方によるものです。

ただし，商品などの棚卸資産について，次のような**特別な事実**が発生した場合には，例外的に評価損を計上することができます。

評価損の計上

① 災害でひどく傷ついたり，いたんだりした
② 売れ残った季節商品で過去の経験から普通の方法では売れなくなった
③ 画期的な新製品が発売されたので，普通の方法では売れなくなった
④ 破損，型くずれ，品質変化などで，普通の方法では売れなくなった

6　欠損金が生じたらどうするのか

青色申告法人は，欠損金の繰越控除制度と繰戻し還付制度とのいずれかを選択適用することができます。

青色申告している会社は，欠損金を翌期以降7年間（平成20年4月1日以後終了した事業年度分から，9年間）繰り越して，所得と通算します。

繰越欠損金は古い年度から通算します。繰越欠損金は，7年間（平成20年4月1日以後終了した事業年度分から，9年間）で切捨てになります。

青色申告している会社は，欠損金を前期以前1年以内の年度の所得金額と通算して，前期以前に納めた税額を返してもらうことができます。これを，**欠損金の繰戻し還付**といいます。

7　法人税額はどう計算するのか

法人税額は，所得の金額に税率を乗じて計算しますが，特定の金額に特別税率を乗じて計算した金額が加算されることがあります。

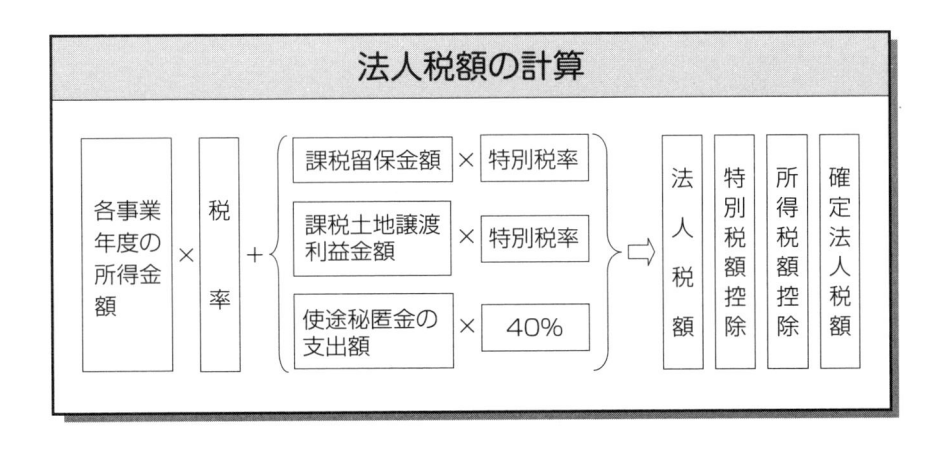

法人税額の計算

各事業年度の所得金額 × 税率 ＋ ｛課税留保金額 × 特別税率　＋　課税土地譲渡利益金額 × 特別税率　＋　使途秘匿金の支出額 × 40％｝ ⇒ 法人税額 － 特別税額控除 － 所得税額控除 ＝ 確定法人税額

PART 2　税務会計入門

<table>
<tr><th colspan="4">法人税率</th></tr>
<tr><th colspan="3">区　　分</th><th>税　率</th><th>H24.4.1〜
H27.3.31
までの間に
終了する
各事業年度</th></tr>
<tr><td rowspan="3">普通法人</td><td rowspan="2">資本金1億円以下の法人（相互会社を除く）</td><td>年800万円以下の金額</td><td>19%</td><td>15%</td></tr>
<tr><td>年800万円超の金額</td><td>25.5%</td><td></td></tr>
<tr><td colspan="2">資本金1億円超の法人，相互会社</td><td>25.5%</td><td>25.5%</td></tr>
<tr><td rowspan="2">人格のない社団等</td><td colspan="2">年800万円以下の金額</td><td>19%</td><td>15%</td></tr>
<tr><td colspan="2">年800万円超の金額</td><td>25.5%</td><td></td></tr>
<tr><td rowspan="2">協同組合等</td><td colspan="2">年800万円以下の金額</td><td>19%</td><td>15%</td></tr>
<tr><td colspan="2">年800万円超の金額</td><td>19%</td><td></td></tr>
<tr><td rowspan="2">公益法人等</td><td colspan="2">年800万円以下の金額</td><td>19%</td><td>15%</td></tr>
<tr><td colspan="2">年800万円超の金額</td><td>19%</td><td></td></tr>
</table>

＊　特定の協同組合等は，年10億円を超える所得に対しては22％の税率が課されます。

8　申告納付はいつするのか

　申告書には，確定申告書・修正申告書・中間申告書などがあり，それぞれの期限までに申告し，法人税を納付することになります。

中間申告書と確定申告書の提出及び納付

区　分	申告期限	納付期限	納付すべき税額
中間申告書	事業年度開始の日以後6ヶ月を経過した日から2ヶ月以内	申告期限に同じ	前期の年税額の2分の1（予定申告）
			6ヶ月を1事業年度とみなした仮決算に基づいた税額（中間申告）
確定申告書	事業年度終了の日から2ヶ月以内	申告期限に同じ	当期の年税額から中間納付税額を控除した額

●中間申告

　事業年度が6ヶ月を超える法人は，事業年度開始の日から6ヶ月を経過した日から2ヶ月以内に中間申告書を提出しなければなりません。中間申告による納税は，年税額に対する前払いとなることから，確定申告時に精算が行われます。

　この中間申告には，次の2つの種類があります。

- 前期の実績による申告が**予定申告**です。（中間申告納付税額＝前事業年度の確定法人税額×6／前事業年度の月数）の算式で予定申告税額を算出します。

- 前期実績によらず，仮決算による申告が**中間申告**です。事業年度開始日から6ヶ月間を1事業年度とみなした仮決算に基づいた課税所得による法人税額が中間申告納付税額です。

● 確定申告

　確定申告は期限内（事業年度終了後2ヶ月以内）に確定申告書を提出することによって行うことになります。確定申告による納付税額は，算出した年税額から中間申告納付税額を控除した額であり，これを期限内に納付することになります。

　法定申告期限後に申告書を提出した場合を期限後申告といい，この期限後申告となった場合には余分な税金（加算税と延滞税）を納めなければなりません。

9　確定申告が間違っていたときはどうするのか

　確定申告が間違っていた場合には，更正の請求や修正申告等で訂正する必要があります。

1．税額を多く申告していたとき

　計算間違いや法令の適用を誤ったことにより，法人税を多く申告した場合には，「**更正の請求**」をして正しい金額に訂正することができます。

　訂正の仕方は，更正の請求書にすでに申告した金額と訂正後の金額とを記入します。更正の請求書が提出されると，税務署でその内容を検討し，その請求内容が正当であると認められたときは，納め過ぎていた税額が還付されます。

　なお，更正の請求ができる期間は，原則として，その確定申告書の提出期限から5年間です。

2．税額を少なく申告していたとき

既に行った申告について，法人税を少なく申告した場合には「**修正申告**」をして正しい金額に訂正してください。

訂正の仕方は，修正申告書に訂正後の金額を記入して提出します。修正申告には，その修正申告により新たに納めるべきこととなった税額のほかに**延滞税**と**過少申告加算税**がかかります。

なお，税額を少なく申告しているにもかかわらず，修正申告書の提出がない場合には，税務署長の更正を受けることもあります。

10　確定申告書の提出を忘れていたときはどうするのか

申告期限後に確定申告をした場合には，無申告加算税や延滞税等がかかることがあります。

法定申告期限を過ぎてから確定申告を行い，又は決定を受けた場合には，その申告又は決定により納めるべき法人税額のほかに，**無申告加算税**と**延滞税**がかかります。

税　目	納　付　税　額
法人税額	期限後申告又は決定により納付すべき税額
無申告加算税	期限後申告又は決定により納付すべき税額　×原則として15％(注1)(注2)
延滞税	期限後申告又は決定により納付すべき税額 × $\dfrac{\text{法定納期限の翌日から起算して完納する日までの日数}}{365}$ ×一定の割合(注3)

(注1) 税務署長の調査を受ける前に自主的に期限後申告書を提出するなど一定の場合には，無申告加算税が軽減される場合があります。
(注2) 事実を隠ぺい又は仮装したところに基づいて申告期限までに申告しないで，期限後申告書を提出した場合には，無申告加算税に代えて40％の重加算税が課せられます。
(注3) 延滞税は，法定納期限の翌日から起算して2月を経過する日までの期間については，年14.6％の割合でかかります。ただし納期限後2ヶ月以内は年単位の適用となり平成24年の場合は年4.3％です。

11 青色申告をするためにはどうするのか

青色申告をするためには，税務署長に承認の申請書を提出し，あらかじめ承認を得ることが必要です。

●青色申告とは

税務者自らが課税標準額と法人税額を計算して自主的に申告することを「**申告納税制度**」といいます。この申告には，「**青色申告**」と「**白色申告**」の2種類があります。

青色申告を選択した企業は，日記帳や元帳などの法定の帳簿に日々の取引を正確に記帳し，複式簿記によって決算書を作成し，その決算書に基づいて確定申告します。

●青色申告の特典

確定申告を青色申告書によって行う場合は，白色申告には認められていない各種の特典があります。

CHAPTER 6 法人事業所得の計算と課税

法人税法で認められている特典と義務としては次のようなものがあります。

法人税法で認められている青色申告の特典

① 青色申告書を提出した事業年度に生じた欠損金を翌期以降９年間繰越して控除できる。
② 欠損金を繰戻して法人税還付を受けることができる。
③ 税務署長は帳簿書類を調査した結果に基づいて更正しなければならない。
④ 更正をする場合，通知書にその更正理由を付記しなければならない。

租税特別措置法で認められている主な特典としては次のようなものがあります。

租税特別措置法で認められている主な特典

① 各種特別償却または割増償却が認められている。
② 各種準備金の積立額が損金に算入できる。
③ 各種の法人税額の特別控除がある。
④ 中小企業者等が取得した少額減価償却資産の取得価額を一時に損金算入できる特例がある。

●**青色申告の要件**

青色申告がみとめられるためには，次の２つの要件を満たさなければなりません。

青色申告の要件

① 法定の帳簿書類を備え付け,「複式簿記」の原則に従って取引を記録保存すること。
② 「青色申告承認申請書」を所轄税務署長に提出して承認を得ること。

●青色申告の承認

　青色申告の承認を受けようとする法人は,青色申告書を提出する事業年度開始の日の前日までに所轄税務署長に「青色申告の承認申請書」を提出しなければなりません。

　また,新設法人の場合には,設立の日以後3ヶ月を経過した日か,設立事業年度終了の日か,いずれか早い日の前日が提出期限となります。

12　連結納税制度とはどんな制度か

　平成14年7月に公布された法人税等の一部を改正する法律（平成14年法律第79号）により**連結納税制度**が創設されました。

1．連結納税制度とは

　一体として事業活動を行っている企業グループについては,その企業グループの事業活動で獲得した所得全体に課税を行うことが実態にあっていると考えられることから,これらの企業グループを一つの納税単位と捉え,その企業グループ全体の所得に対して課税を行うもので,これまで,単体法人のみを納税単位とする従来の法人税制を抜本的に改正した制度です。

2. 適用法人等とは

連結納税は内国法人（以下「**親法人**」といいます。）とその親法人による完全支配関係があるすべての他の内国法人（以下「**子法人**」といいます。）が対象となり，それぞれ次の法人に限られます。

親　法　人	普通法人又は協同組合等のうち，①清算中の法人，②他の普通法人（外国法人は除かれます）又は協同組合等の完全支配関係のある法人，③特定目的会社などを除いたもの
子　法　人	普通法人のうち，①清算中の法人，②特定目的会社などを除いたもの

13　連結所得の金額，税額はどのように計算するのか

1．連結所得の金額とは

連結事業年度の連結所得の金額は，その連結事業年度の益金の額から損金の額を控除した金額となります。

この連結所得の金額の計算において，例えば，減価償却費の計算（法31），役員賞与等の損金不算入（法35）は各連結法人ごとに計算を行うこととなります。ただし，交際費等，受取配当等ついては，連結グループ全体で計算を行うこととなります。さらに連結所得の金額を計算するため連結特有の調整項目が別途設けられているので，その方法に基づき行うこととなります（法81の2，81の3①）。

連結所得の金額 ＝ 連結事業年度の益金の額 － 連結事業年度の損金の額

2．税額の計算

　連結法人税額の計算は，親法人の税率を使用して計算します。その算出された金額に税額控除等の調整が行われて**連結法人税額**が確定します。

CHAPTER 7

事業税の仕組みと問題点

1 事業税について
2 法人の事業税
3 個人の事業税

1 事業税について

1．事業税は物税（ものぜい）

事業税は，法人および個人の行う事業に注目して，事業そのものに課される税金です。その点で人税（ひとぜい）ではなく，物税（ものぜい）となります。**事業税は事業を行えば課税される物税**であるところから，**事業税は所得税や法人税の計算において必要経費または損金の額に算入**されます。

2．この税金はなぜ都道府県税か

事業を行う法人や個人は，国，都道府県，市町村の道路，港湾，教育，保健衛生等の公共施設や行政のサービスを受けて事業を行っていますが，その中でもっとも利用が多いのが都道府県の公共サービスであることから，事業税は都道府県税とされています。

3．納税義務者は誰か

事業税は事業を行うすべての法人（外国法人については，国内に事務所や事業所を有するものに限ります。）と物品販売業，製造業，その他一定の事業を行う個人に課せられます。ただし，林業，鉱業などを行う法人および個人や農業，小規模漁業を行っている個人には課税されません。

4．課税されるものは何か

法人は資本金等が１億円を超える法人を除き，原則として各事業年度の決算をもとに算出した所得を課税標準として事業税の額が決められます。

所得は，特別の定めをしている場合を除いて，法人税の事業年度の所得と一致します。

なお，東京電力などの電気供給業や東京ガスなどのガス供給業および保険業については所得のかわりに収入金額が課税標準になります。

また個人においては所得税における計算と同様にして求めた所得金額（青色申告特別控除前）から事業主控除（年290万円）を差引いた金額が課税標準額となります。

2　法人の事業税

1．税　率

法人事業税の税率は**標準税率制度**がとられております。都道府県は条例で税率を定めることになりますが，標準税率を超える税率を課す場合は1.2倍を超えない率で課税することになります。

なお，平成20年度の税制改正により，法人事業税の標準税率を引き下げるとともに**地方法人特別税（国税）**および**地方法人特別譲与税（都道府県税）**が創設されました。地方法人特別税の申告納付は，法人事業税とあわせて都道府県に対して行います。都道府県は地方法人特別税として納付された額を国へ納付します。国は都道府県へ一般財源として譲与するという仕組みになります。

1．電気供給業，ガス供給業及び保険業

収入金額課税法人	収入金額の0.7％

2．上記以外の事業

法人の区分			
外形課税対象法人（資本金等が1億円を超える法人）	付加価値割(注①)		0.48%
	資本割(注②)		0.2%
	所得割	年400万円以下の所得	1.5%
		年400万円超年800万円以下の所得	2.2%
		年800万円超の所得及び清算所得	2.9%
特別法人(注③)	所得割	年400万円以下の所得	2.7%
		年400万円超の所得及び清算所得	3.6%
その他の法人	所得割	年400万円以下の所得	2.7%
		年400万円超年800万円以下の所得	4.0%
		年800万円超の所得及び清算所得	5.3%

（注①）　付加価値割―各事業年度の付加価値割
　　　　　各事業年度の報酬給与額，純支払利子及び純支払賃借料の合計額（収益配分額）と各事業年度の単年度損益との合計額
（注②）　資本割―各事業年度の資本金等の額
　　　　　各事業年度終了の日における法人税法2条16号に規定する資本金等の額又は同17号の2に規定する連結個別資本金等の額
（注③）　特別法人―法人税法2号7号に規定する協同組合等と医療法人

● 課税標準（課税の対象）

　法人事業税の課税標準は，通常法人税の各事業年度の所得の金額ですが，地方税法で別段の定めがあるものは除きます。違いが生じる主なものは受取配当の一部益金算入や外国税額控除の不適用などです。

●申告と納付

　法人税の確定申告書を提出しなければならない法人は，原則として事業年度終了の日から2ヶ月以内に都道府県知事に申告書を提出して税額を納付しなければなりません。また，二以上の都道府県に事業所などがある法人は一定の分割基準によって，関係都道府県ごとに分割して納付します。法人事業税の申告と納税は基本的には，法人税の申告納税制度と同様なものになっています。

	🔑 KEYWORD
中間申告	事業年度が6ヶ月を超える場合には当該事業年度開始の日以後6ヶ月を経過した日から2ヶ月以内に次の方法により申告納付します。 ① 前年度実績による場合（みなす申告もあり） ② 仮決算に基づく場合 　その事業年度開始の日から6ヶ月の期間を1事業年度とみなして算定した法人事業税額
確定申告	各事業年度に係る法人事業税額を，確定した決算に基づき，申告納付します。納付すべき法人事業税額がない場合においても申告書を提出します。 ① 申告納付期限の延長を受けていない場合は，事業年度終了の日から2ヶ月以内に提出します。 ② 申告納付期限の延長を受けている場合は，事業年度の終了の日から原則3ヶ月以内に提出します。申告納付期限の延長の特例の主なものは下記のとおりです。 　1) 法人が災害その他やむを得ない理由によって決算が確定しない　場合 　2) 会計監査人の審査を受けなければならないこと，その他これに類する理由により決算が確定しない場合 　当該申告延長法人は，その延長を受けている事業年度終了の日以後2ヶ月を経過した日からその延長された確定申告書の提出期限までの日数に応じ延滞金を加算して納付します。

3 個人の事業税

1. 税　率

個人事業税の標準税率は次のとおりです。

第1種事業（物品販売，製造業，飲食店，不動産貸付，運送業，旅館業など）	5%
第2種事業（畜産業，水産業など）	4%
第3種事業（医業，弁護士，税理士業，理容業，薬剤師業など）	5%
第3種事業のうち，あんま，はり，きゅうなど	3%

2. 課税標準

個人事業税の課税標準は，**個人の行う事業に係る総収入金額から必要経費と事業主控除（290万円）等を控除して算出**します。所得税の計算には青色申告特別控除や扶養控除，生命保険控除などの所得控除がありますが，事業税の計算ではこれらを控除することはできません。

また二以上の都道府県に事業所などがある個人に対する課税は主たる事業所所在地の都道府県知事が決定することになっています。

なお，不動産貸付業で課税対象となるのは，賃貸マンションなどの場合は原則として貸付室数が10室以上，一戸建住宅については貸付棟数が10棟以上の場合等です。

3. 納　　税

　納税者は申告書を毎年3月15日までに提出しますが，所得税の確定申告書を税務署に提出した人は，個人事業税の申告書を提出する必要はありません。ただし，年の中途で廃止した場合で事業の所得金額が事業主控除を超える個人は1ヶ月以内に申告します。納税は都道府県知事から交付される納税通知書によって，原則として8月と11月の年2回に分けて行います。

CHAPTER 8

消費税の仕組みと問題点

1　消費税とは
2　消費税等を負担するのは誰か
3　納税義務者（課税事業者）になるのは誰か
4　どんな取引が消費税の対象（課税取引）となるのか
5　消費税等の税率
6　消費税等の計算方法
7　消費税と地方消費税の申告と納付
8　消費税の問題点

1 消費税とは

　消費税とは，商品・製品やサービスなどの消費に対して広く公平に課される税で**間接税**（消費税の負担者である消費者が自分で申告し納付するのではなく，事業者が納税義務者となり申告し納税します）です。

　一般的に言われている「消費税」は，**国税である消費税**と**地方税である地方消費税**と合わせたものです。この章では説明上，消費税と地方消費税を合わせたものを「消費税等」といいます。

2 消費税等を負担するのは誰か

　消費税等を負担するのは，最終的に商品を消費したり，サービスの提供を受ける消費者です。原則として事業者は消費税等を負担せず，消費税等を預かり，計算し申告して納付する義務を負います。

　なお，生産から消費者への各取引時に消費税が課せられますが，二重三重に課税されるのではなく，前段階の消費税を調整（**控除**）することによって消費税等が累積されないようになっています。

> 消費者＝消費税の負担者
> 事業者＝納税義務者（消費者から消費税を預かって，納めるべき消費税を
> 　　　　　　　　　　計算し申告，納付する）

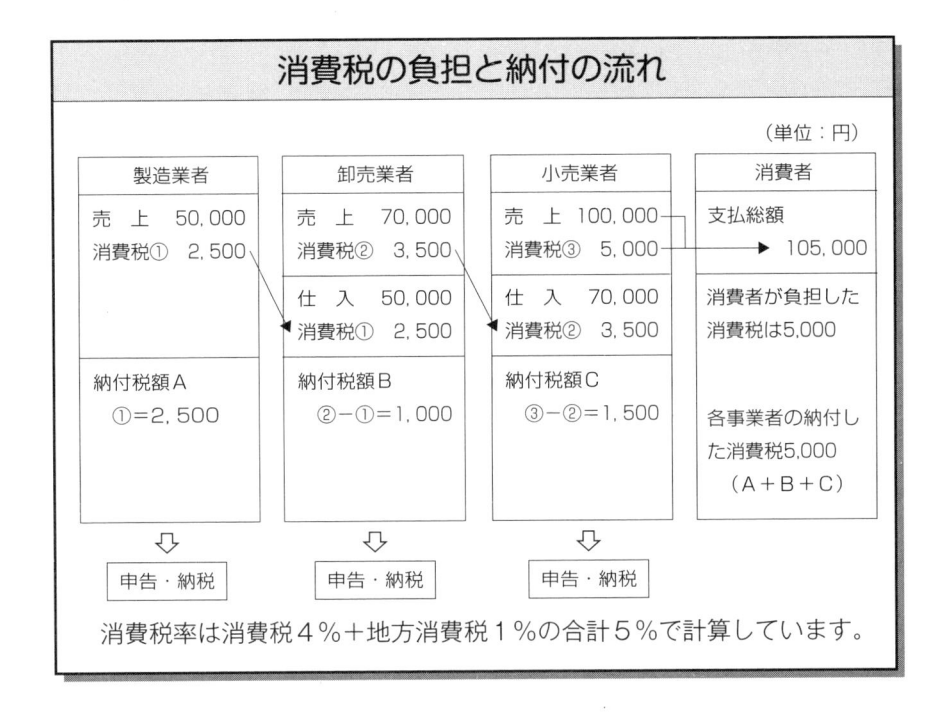

CHAPTER 8　消費税の仕組みと問題点

消費税の負担と納付の流れ

（単位：円）

製造業者	卸売業者	小売業者	消費者
売　上　50,000 消費税①　2,500	売　上　70,000 消費税②　3,500	売　上　100,000 消費税③　5,000	支払総額 　　105,000
	仕　入　50,000 消費税①　2,500	仕　入　70,000 消費税②　3,500	消費者が負担した 消費税は5,000
納付税額A 　①＝2,500	納付税額B 　②－①＝1,000	納付税額C 　③－②＝1,500	各事業者の納付し た消費税5,000 　（A＋B＋C）
⇩	⇩	⇩	
申告・納税	申告・納税	申告・納税	

消費税率は消費税4％＋地方消費税1％の合計5％で計算しています。

3　納税義務者（課税事業者）になるのは誰か

　納税義務者となるのは，その課税期間（個人事業者の場合は暦年である1月1日から12月31日まで，法人の場合は事業年度）の基準期間（個人事業者の場合は前々年，法人の場合はその前々事業年度）における課税売上高が1,000万円を超える事業者です。

　ただし，基準期間の課税売上高が1,000万円以下であっても特定期間(※)の課税売上高が1,000万円を超えた場合はその課税期間から納税義務者となります。なお，課税売上高に代えて，給与等支払額の合計額により判定することもできます。

PART 2　税務会計入門

※　特定期間とは，個人事業者の場合は，その年の前年の１月１日から６月30日までの期間をいい，法人の場合は，原則として，その事業年度の前事業年度開始の日以後６ヶ月の期間をいいます。

　要するに，納税義務者の判定は基準期間と特定期間の課税売上高によって判定されることとなります。ここで注意が必要なことは，あくまでも**課税売上高**であって**会計上の売上高**ではないことです。課税期間のない新設法人でその事業年度開始の日の資本金の額又は出資の金額が1,000万円以上である法人は，上記の判定にかかわりなく常に課税事業者となります。

4　どんな取引が消費税の対象（課税取引）となるか

　消費税等の課税対象となるのは，**国内取引**と**輸入取引**に限られています。国外で行われる取引は対象外となります。これは日本の法律が国外に及ばないからです。

1．国内取引の場合

　次の要件にすべてあてはまる取引が国内課税取引となります。要件のどれか１つでもあてはまらないものがあれば，消費税等の課税対象外取引（以下「不課税取引」といいます）となります。

国内課税取引の要件
①　国内において行われるもの
②　事業者が事業として行うもの
③　対価を得て行うもの
④　資産の譲渡・貸付，役務の提供であること

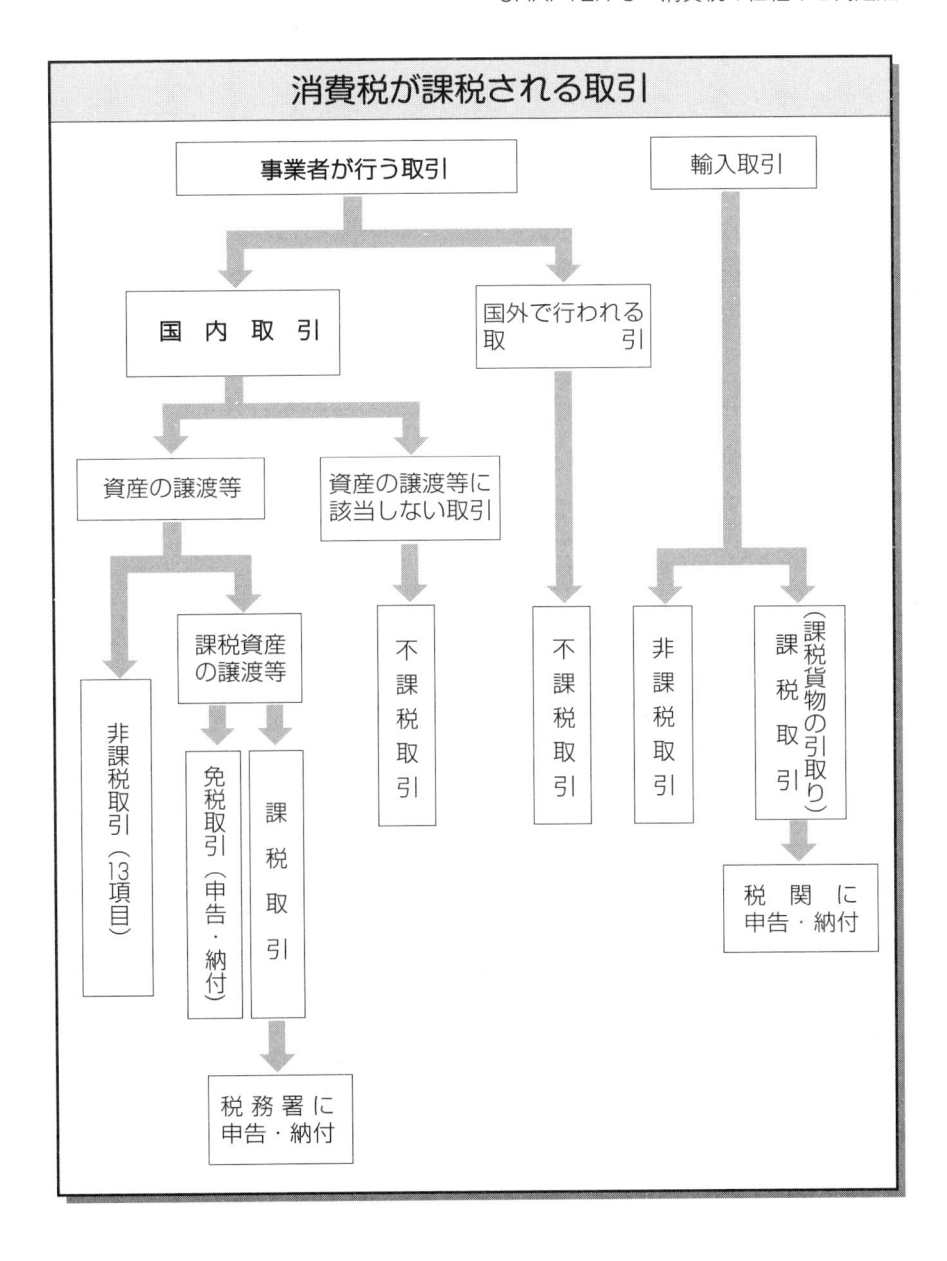

CHAPTER 8　消費税の仕組みと問題点

消費税が課税される取引

```
事業者が行う取引
├── 国内取引
│   ├── 資産の譲渡等
│   │   ├── → 非課税取引（13項目）
│   │   └── 課税資産の譲渡等
│   │       ├── 免税取引（申告・納付）
│   │       └── 課税取引 → 税務署に申告・納付
│   └── 資産の譲渡等に該当しない取引 → 不課税取引
├── 国外で行われる取引 → 不課税取引
輸入取引
├── 非課税取引
└── 課税取引（課税貨物の引取り）→ 税関に申告・納付
```

2．輸入取引の場合

保税地域(※1)から引き取られる外国貨物(※2)が消費税等の課税対象となります。

(※1) 輸出入手続きを行う場所など
(※2) 外国から国内に到着した貨物で，輸入許可前のもの及び輸出許可を受けた貨物

3．非課税取引とは

非課税取引とは，上記1．2．に当てはまる取引であっても，消費税等の課税対象としてなじまないものや社会政策的な観点から課税することが適当でない取引です。次の13取引のみが非課税取引となります。

4．国内取引で非課税取引となるもの

消費税になじまないもの

① 土地（土地の上に存する権利を含みます）の譲渡及び貸付（一時的に使用されるものを除きます）
② 有価証券等の譲渡（収集用及び販売用のものは除きます）
③ 利子を対価とする貸付金や保険料を対価とする役務の提供等
④ ・郵便切手，印紙，証紙等の譲渡（一定の場所での譲渡に限られます）
　・商品券，ビール券などの物品切手等の譲渡
⑤ ・国，地方公共団体が，法令に基づき徴収する手数料等の役務の提供
　・外国為替業務に係る役務の提供

CHAPTER 8 消費税の仕組みと問題点

社会政策的な配慮に基づくもの

⑥ 公的な医療保障制度（国民健康保険，社会保険による健康保険等）に係る医療等
⑦ ・介護保険法の規定に基づくサービス等
　・社会福祉法に規定する社会福祉事業等として行われる資産の譲渡等
⑧ 医師，助産師等による，助産に係る資産の譲渡等
⑨ 法律に基づく埋葬料，火葬料等
⑩ 身体障害者の使用のための物品の譲渡，貸付等
⑪ 学校等の授業料，入学金，施設設備費等
⑫ 教科用図書の譲渡
⑬ 住宅の貸付

5．免税される輸出取引（免税取引）とは

　課税事業が次のような輸出取引等を行った場合は，消費税等が免除されます。これらの取引は，非課税取引でも不課税取引でもありません。課税取引ですが消費税率が0％となり，免税取引と呼ばれています。

免税取引

① 国内からの輸出として行われる資産の譲渡又は貸付（典型的な輸出取引）
② 国内と国外との間の通信又は郵便等
③ 居住者に対する営業権等の無体財産権の譲渡又は貸付
④ 非居住者に対する一定の役務の提供
　（注意）　免税の適用を受けるためには一定の証明書類が必要となります。

5 消費税等の税率

次の表のとおりです。ただし，平成26年4月1日以降の税率アップは，その時の経済状況等を総合的に勘案して停止を含めて再検討されることになっています。

	現　行	平成26年4月1日から	平成27年10月1日から
消費税率	4.0%	6.3%	7.8%
地方消費税率	1.0%	1.7%	2.2%
合　計	5.0%	8.0%	10.0%

6 消費税等の計算方法

●原則（一般課税）

消費税は，まず次の計算式のように消費税額（国税部分）を計算してから地方消費税（地方公共団体分）を計算します。

$$消費税額＝（課税売上高×4\%）－（課税仕入高×\frac{4}{100}）$$

$$地方消費税額＝消費税額×25\%$$

※ 「課税売上高」は消費税と地方消費税に相当する金額を除いた金額（税抜額）。「課税仕入高」は消費税と地方消費税を含んだ金額（税込額）です。

●簡易な計算方法（簡易課税制度）

　一般課税の計算は大変面倒なため，基準期間の課税売上高が5,000万円以下の事業者は，事前に簡易課税制度を選択する届出書を税務署長に提出すればこの制度を利用できます。

> 消費税額＝（課税売上高×４％）−（課税売上高×４％×みなし仕入率）
>
> 地方消費税額＝消費税額×25％（一般課税と同じ）

＜みなし仕入率＞

第１種事業	卸売業	90％
第２種事業	小売業	80％
第３種事業	製造業等（農林・漁業，建設業，製造業，電気業，ガス業，熱供給業及び水道業）	70％
第４種事業	その他（飲食店業，金融保険業など他の業種区分以外の事業）	60％
第５種事業	不動産業，運輸通信業，サービス業（第１種事業から第３種事業までに該当しないもの）	50％

7　消費税と地方消費税の申告と納付

　消費税と地方消費税は一緒に税務署へ申告し，税額を所轄税務署又は金融機関等で納付します。

　なお，申告・納付期限は
・個人事業者は翌年の３月末日
・法人は，課税期間の末日の翌日から２か月以内です。

8　消費税の問題点

　消費税は，選択した計算方法（**一般課税方式**か**簡易課税方式**か）や**課税事業者**か**免税事業者**などの違いで納税額に違いが生じます。計算方法などは事前に選択・届出しなければならないものもあります。いったん選択・届出した方法は課税期間が始まってしまうと，その課税期間内の変更は認められません。

　それでは，問題となるいくつかのケースを紹介します。消費税と地方消費税を合わせて5％として計算します。

＜ケース1＞
　Aさん：貸駐車場業，課税事業者で**一般課税方式**
　Bさん：貸駐車場業，課税事業者で**簡易課税方式**
　Cさん：貸駐車場業，**免税事業者**
　※　説明上Aさん，Bさん，Cさんともに課税仕入はないもの.とします

　3者とも同じ地域で貸駐車場業を営んでいます。その地域の貸駐車場の賃料相場は1台1万円（消費税込）とします。
　3者の納付する消費税額を計算します。

　Aさん　課税売上高9,524円（10,000円÷1.05）×5％
　　　　＝476円
　Bさん　課税売上高9,524円（10,000円÷1.05）×5％
　　　　×みなし仕入率50％＝238円
　Cさん　免税事業者なので0円

3者とも同じ地域で同じ事業を行っているのにその手取り額に差が出てしまいます。台数が多ければその差はますます広がります。Aさん，Bさんが納付する消費税はだれが負担したことになるのでしょか。

消費税は消費者が負担することとなっているはずなのに，Aさん，Bさんからみると，自分が負担していると感じるのではないでしょうか。本来Aさん，Bさんは課税事業者なので駐車場代を10,500円とすればよいのですが，借りる側からしたら10,000円で済むCさんから借りたいと思うのではないでしょうか。市場原理がはたらき，AさんBさんともに料金をCさんと同額にせざるを得ないこととなり，実質的に消費税は事業者が負担することになります。

<ケース2>
　Aさん：**オフィス用賃貸ビル**を建設し不動産賃貸業を開始。**一般課税**
　Bさん：**オフィス用賃貸ビル**を建設し不動産賃貸業を開始。**簡易課税**
　Cさん：**住宅用賃貸ビル**を建設し不動産賃貸業を開始。

3者とも課税事業者であり，土地は自己所有，建設費は共に1億円（消費税抜き），賃貸収入は1,000万円（消費税抜き）とします。
それぞれの消費税額を計算します。

> Aさん　（課税売上1,000万円×5％）－（課税仕入10,000万円×5％）＝－450万円（還付されます）
> Bさん　（課税売上1,000万円×5％）－（課税売上1,000万円×5％×みなし仕入率50％）＝25万円

建設代に係る消費税等500万円（10,000万円×5％）は，簡易課税のため控除（還付）されません。結果としてBさんは25万円と500万円を合わせた525万円負担することになります。

> Cさん　住宅用賃貸は非課税なので0円。

建設代に係る消費税等500万円（10,000万円×5％）は，非課税売上に対応するものとして控除（還付）されません。結果としてCさんが500万円負担することになります。

何か不公平だと感じませんか。

<ケース3>
　Aさん　サービス業　**一般課税**　課税売上4,000万円（消費税等込）
　Bさん　サービス業　**簡易課税**　課税売上4,000万円（消費税等込）
両者とも課税仕入はないものとします。それぞれの消費税額を計算します。

> Aさん　課税売上4,000万円×5％＝200万円
> Bさん　（課税売上4,000万円×5％）－（課税売上4,000万円
> 　　　　×みなし仕入率50％）＝100万円

AさんとBさんの納付する消費税等の差100万円はどうなったのでしょうか。消費者が支払った消費税等200万円のうち100万円は結果的にBさんの懐に入ってしまうのです。これが**消費税の益税問題**（消費税を負担していないBさんが儲かってしまう）と呼ばれているものです。

今回は3ケースのみを紹介しましたが，まだほかにもいろいろな問題点があります。

【参考文献等】
　国税庁発行
　『消費税のあらまし』（平成24年4月）
　『暮らしの税情報』（平成24年6月9日）

CHAPTER 9

税効果会計と繰延税金資産・負債

1 税効果会計の目的
2 税効果会計と損益計算書
3 税効果は何を調整するのか
4 税効果の法定実効税率
5 繰延税金資産と繰延税金負債

1 税効果会計の目的

　税効果会計は，**企業会計上の資産又は負債の額と課税所得計算上の資産又は負債の額に相違がある場合**において，法人税その他利益に関連する金額を課税標準とする税金（以下「法人税等」という。）の額を適切に期間配分することにより，法人税等を控除する前の**当期純利益と法人税等を合理的に対応**させることを目的とする手続であると定義されています（税効果会計基準第一）。

　つまり，法人税等の額を適切に期間配分し，当期純利益と法人税等を合理的に対応させることが目的となっているのです。

1．所得と利益の違い
　企業会計上の「利益」は，以下のように求めます。

$$利益　＝　収益　－　費用$$

　これに対して，法人税法上の「所得」は，以下のように求めます。

$$所得　＝　益金　－　損金$$

　つまり，企業会計上の収益と法人税法上の益金はイコールではなく，

$$収益　≠　益金$$

また，企業会計上の費用と損金もイコールではありません。

費用 ≠ 損金

なぜ，このような違いが生じるかという点については，企業会計が一定期間の企業会計上の利益の算出を目的としていることに対し，法人税法は，税金計算のもととなる課税所得の算出を目的としているからです。

※ 詳しくは，CHAPTER 1「利益の計算と税金の計算はどのようにつながっているのか」を参照してください。

2 税効果会計と損益計算書

税金の計算は，税引前当期純利益に税率を掛けるのではなく，法人税法上の課税所得に税率を掛けて計算を行います。

損益計算書

売　上　高	1,000,000円
売　上　原　価	500,000円
販売管理費	200,000円
税引前当期純利益	300,000円
法　人　税　等	140,000円
税引後当期純利益	160,000円

※ 実効税率40％として計算

この場合，税引前当期純利益の300,000円に税率40％を掛けても法人税等の140,000円にはなりません。

> 税引前当期純利益300,000円×税率40％＝120,000円

　これは，この損益計算書の費用（販売管理費）の中で50,000円がその会計期間の損金にならないため，このような結果となります。

> 課税所得＝税引前当期純利益300,000円＋損金不算入50,000円
> 課税所得350,000円×税率40％＝140,000円

　このように，会計上の税引前当期純利益に対し税率を計算した結果と，法人税法上の課税所得に税率を掛けた結果では，それぞれ求められる税額が異なります。そのため，これらの差額を損益計算書の中で，以下のように調整を行います。

損益計算書

売　上　高	1,000,000円
売　上　原　価	500,000円
販売管理費	200,000円
税引前当期純利益	300,000円
法　人　税　等	140,000円
法人税等調整額	△20,000円
税引後当期純利益	180,000円

（法人税等140,000円と法人税等調整額△20,000円　差引120,000円）

　このように，**法人税等調整額**を用いることにより，会計上の利益に対応した会計上の税金（300,000円×40％＝120,000円）が算出されることになります。

3 税効果は何を調整するか

　企業会計上の「収益」「費用」と，税金計算上の「益金」「損金」が一致しないということは，すでに述べた通りです。この差が生じる理由は，企業会計上は「収益」「費用」としたものであっても，法人税法の規定の中で，税金計算上の「益金」「損金」として認められない項目が存在するからです。

　予め決算書の中で処理が必要な項目を「**決算調整**」と呼び，税金の申告書の中で調整が必要な項目を「**申告調整**」と呼びます。申告調整の中には，必ず調整を行わなければならない項目と，任意とされている項目に分けることができます。

決算調整項目

a．減価償却資産および繰延資産の償却費の損金算入
b．少額の減価償却資産および少額の繰延資産の損金算入
c．引当金繰入額および準備金積立額の損金算入
　……等

申告調整項目

（必須申告調整項目）
a．法人税・罰科金などの損金不算入
b．法人税額から控除する所得税額や外国税額の損金不算入
c．還付金などの益金不算入
d．前期分及び中間申告分事業税の損金算入
e．資産の評価益の益金不算入

> f．償却費の限度超過額の損金不算入
> g．資本的支出の損金不算入
> h．引当金の繰入限度超過額および準備金の積立限度超過額の損金不算入
> i．引当金および準備金の取崩額の益金算入
> 　……等
>
> **（任意申告調整項目）**
> a．受取配当金の益金不算入
> b．所得税額および外国税額の法人税額からの控除
> 　……等

申告調整事項の中で，企業会計と税務の差異が将来解消する「**一時差異等**」と，企業会計と税務の差異が将来解消しない「**永久差異**」に分けることができます。

(1) 一時差異等

企業会計と税務の差が生じた場合，課税所得の計算において加算され，この差異が解消するときに課税所得の計算において減算されるものを「**将来減算一時差異**」といい，逆に，課税所得の計算上減算され，この差異が解消するときに課税所得に加算されるものを「**将来加算一時差異**」と呼びます。

(2) 永久差異

企業会計と税務との差の中で，将来において差異が解消されず，税効果会計の対象とならないものを，**永久差異**と呼びます。

税効果の計算を行う際は，上記(1)の一時差異等を把握し，**法定実効税率**を乗じて「**繰延税金資産**」や「**繰延税金負債**」を算出します。

4 税効果の法定実効税率

　税効果の対象となる税金は，**法人税**（復興特別法人税を含む。），**法人住民税**，**法人事業税**が含まれ，適用税率に関しては，以下のように算出します。

＜法定実効税率の計算式＞
(1) 復興特別増税期間

$$\text{法定実効税率} = \frac{\text{法人税率} \times (1 + \text{復興特別法人税率} + \text{住民税率}) + \text{事業税率} \times (1 + \text{地方法人特別税率})}{1 + \text{事業税率} \times (1 + \text{地方法人特別税率})}$$

(2) 上記以外の期間

$$\text{法定実効税率} = \frac{\text{法人税率} \times (1 + \text{住民税率}) + \text{事業税率} \times (1 + \text{地方法人特別税率})}{1 + \text{事業税率} \times (1 + \text{地方法人特別税率})}$$

　法定実効税率は実際の納税額を算出する際の税率ではありませんが，以下の所得を**課税標準**とした税金の税率を基礎とし，計算を行います。

＜所得を課税標準とする税金＞
(1) 法人税（復興特別法人税を含む。）
(2) 法人住民税の法人税割の部分
(3) 法人事業税の所得割の部分
(4) 地方法人特別税

　なお，平成24年4月1日から平成27年3月31日までに開始する事業年度は，**復興特別法人税**の計算が入るため，通常の計算方式とは異なります。

5 繰延税金資産と繰延税金負債

　繰延税金資産は，一時差異等のなかで**将来所得を減額することで税金を減少させる資産**であり，以下のように計算します。

> 繰延税金資産＝将来減算一時差異×法定実効税率

　一方，繰延税金負債は，一時差異等のなかで**将来課税所得を増額させることで税金を増加させる負債**であり，以下のように計算します。

> 繰延税金負債＝将来加算一時差異×法定実効税率

　これらの繰延税金資産や繰延税金負債は，「将来の会計期間において，回収又は支払が見込まれない税金の額を除き，繰延税金資産や繰延税金負債として計上しなければならない」（税効果会計基準）とされています。

　そのため，繰延税金資産は**回収可能性**を検討し，回収可能性のある金額のみ繰延税金資産として計上を行い，繰延税金負債についても同様に，**支払可能性**を検討し，将来課税所得が発生することが見込まれる場合のみ，繰延税金負債を計上することとなります。

PART 3

特　　論

CHAPER 10　確定決算主義における弊害と解決策
CHAPER 11　各国の会計と課税の仕組み―確定決算主義を
　　　　　　採る国の会計
CHAPER 12　中小企業のための会計基準

CHAPTER 10

確定決算主義における弊害と解決策
—努力する企業が報われる税制へ—

1 現代イソップ・ズル物語
2 税収確保の困難
3 不公平感の増幅
4 労働意欲の喪失
5 社会的損失
6 粉飾経理への誘導
7 闇の世界への資金供給
8 新しい税制への提言

PART 3　特　　論

1　現代イソップ・ズル物語

　少年には夢がありました。街角のプラモ店で売っている２両連結の電車を手に入れることです。子供にはちょっと手が出ない値段がついていました。少年は，朝早起きして，新聞受けから朝刊を父親の枕元へ届け，幼い弟の面倒を見て，夕方には母親の代わりにおつかいに出かけ，１日に30円とか50円のごほうびをもらって貯めてきました。

　１年もがんばったのです。やっとプラモを買えるだけのお金が貯まったので，少年は顔を上気させながらプラモ店にいき，宝物を手に入れました。

　家に帰ってプラモを組み立てようとしていると，そこに，役人風のおじさんがやってきて，２両連結の電車の半分を，「となり街に，電車を持っていない子がいるので，もらっていくよ」といって取り上げてしまったのです。

　少年は何が何だかわかりませんでしたが，自分がなにか悪いことをしたのかと思い，それ以来，朝起きもやめ，おつかいもお手伝いも，弟の世話もやめて，夕方も友達と遊ぶことに時間を費やすことにしました。また一生懸命におつかいやお手伝いをしてお金を貯めても，好きなプラモを買った途端に，どこかのおじさんに取り上げられてしまいそうだったからです。

　部屋に残っていた片割れの電車も，連結する相棒もないので，ある日，思い切ってゴミ箱に捨ててしまいました。すると，どうしたことでしょうか，あの役人風のおじさんがまたやってきて別のおもちゃをくれるではないですか。おじさんに聞くと，となり街の「よい子」がお小遣いをためて

買ったおもちゃの1つだというのです。

　少年はそれを聞いて,「となり街のよい子」には悪いことをしたと思いつつも, 世の中の仕組みがすこしわかってきました。がんばってお金を貯めて, それでおもちゃを買うと, 何か悪いことでもしたかのように, 買ったおもちゃの半分は取り上げられ, 別の子どもに渡さなければならないのです。でも, おつかいもお手伝いも弟の世話もしないでいると, となり街のよい子たちが買ったおもちゃを1つか2つ, もらえるのです。

　そこに気がついた少年は, がんばることはやめました。たまに親がくれるお小遣いでプラモを買うときも, 必ず幼い弟を一緒に連れていくことにしました。2両連結の電車を買っても, 自分が1台, 弟が1台買ったことにすれば, あの役人風のおじさんはおもちゃを取り上げには来ないからです。

　そしてこの少年は, 長じてどういう大人になったでしょうか。
　………………………………………………
　今日の, わが国法人税制が抱える多くの問題点は, すべてこのエピソードの中に含意されていると思います。

　現在の法人税や事業税の課税方式は, **確定決算主義・確定決算基準**と呼ばれる方式を採用しています。そこでは, **会社法の規定に従って行う決算の結果が株主総会で承認され, 利益額が確定し, その利益額に必要な調整を行って課税所得を計算**します。この課税所得をベースとして法人税や事業税が課されるのです。これが**確定決算主義**です。

ただし，法人税は，法人の所得に対して課す国税であり，事業税は，その所得金額を課税標準として課す地方税という違いがあります。

法人税や事業税の課税方式は，いわば，**担税能力**のある企業，**支払能力**のある企業から税を取ろうとするものであり，確実に税を徴収できるというメリットがあります。税収の確保という面からみると一応の合理性があるのです。しかし，見方を変えると，この課税方式は，上のエピソードが物語るように，次のような重大な欠陥を内包しているのです。

確定決算方式の欠陥

(1) 税収の減少を招く
(2) 無駄遣いしたほうがアメをもらえる
(3) 努力する者が報われない
(4) 社会的損失を招く
(5) 粉飾決算を誘導する
(6) 闇の世界へ資金を供給する

これらの弊害は，法人税の課税方式が確定決算主義と結びついているために生じるものです。あえてこれを，確定決算主義における6つの大罪とでも呼んでおきます。すべて，結果としてか誘因としてかは別にして，**脱税**に結びついているのです。以下，これらの弊害について説明します。

2 税収確保の困難

税には，2つの大原則があります。第1の原則は，**税収の確保**であり，第2の原則は，**税負担の公平**です。

税負担がいくら公平になされても，必要な税収が確保されなければ，課税の目的が達成されません。逆に，税収が十分に確保される課税方式であっても，それが著しく不公平な負担を強いる制度であれば，国民の支持を得ることはできないでしょう。税収の確保と課税の公平は，税という車の両輪といってもよいのです。

　税については，しばしば，税の公平だけを考えがちですが，税の公平だけが確保されても，一定の税収が確保できなければ課税の目的は達成されません。大人も子どもも，勤労者も無職者も，すべて1人年間1円を納めるというのであれば，課税は公平といえるし，納税者は誰もクレームをつけないでしょう。

　しかし，わが国において，年間1億数千万円しか税金が集まらなければ，国も地方公共団体も，何もできないことは明白です。税には，まず，必要な税収を確保することが重要であり，その上での公平性が追求されるべきなのです。

　確定決算主義の弊害の1つは，**景気の動向によって税収が大きく振れる**ことです。とくに，最近のように景気が後退する時期は税収の落ち込みが大きく，国家や地方自治体の財政に支障がでます。この欠陥は，バブル崩壊後に顕在化してきました。特に地方財政の悪化の原因が事業税収入の減少にあることから，最近では，事業税収入を確保するために，**外形標準による課税方式**が導入されています。

　外形標準課税とは，事業所の床面積や従業員数，資本金，付加価値など，誰がみてもはっきりわかる数値を課税の基準の1つとして税額を算定する方式で，平成16年4月1日から，資本金1億円超の法人を対象に導入・施行されました（当面中小企業は対象外）。この方式は，わが国では，現在のところ，事業税の課税方式として導入されていますが，法人税の減収を防ぐ手段としても有効です。

現在の法人税が国際的にみて高率だということから，**タックスヘブン**の国・地域に営業の拠点を移す動きもあり，これも法人税が減少する原因となってきました。寺島実郎氏は，「現在の日本の税体系を前提とする限り，水が低きに流れるごとく，グローバルに有利な納税を行う動きが強まり，法人・個人所得税ともに日本の歳入が相対的に減少することになろう」と言っています（寺島実郎『国家の論理と企業の論理—時代認識と未来構想を求めて—』中央公論社，1998年，76頁）。

　いま，所得税も法人税も税率を10％程度にすれば，高額所得の会社や個人は，もっと働き，もっと稼ごうとするでしょう。また，誰もがもっと正直に確定申告するでしょう。大蔵省高官の試算によれば，みんなが所得税を収めるなら7％で国費をまかなえるといいます（加藤寛・渡部昇一『対談・所得税一律革命』光文社，1999年，163-164頁）。そうなれば，後述するような節税や脱税のための浪費やズルもしなくなるのではないでしょうか。

　法人税が国を支えてゆくのに本当に必要な税なら，経済の好・不況や企業の黒字・赤字による税収の大きなぶれは好ましくありません。ましてや，合法的な節税や脱税（詳しくは後述）が自由自在にできる税制というのは，国の財政を左右する税のあり方としては失格です。

3　不公平感の増幅

　税を負担する能力（担税能力）に応じて税金を支払ってもらうという考えが典型的に採られているのは，法人税であり，所得税です。企業も個人も所得（企業は純利益，個人は純収入）がなければ課税されません。

CHAPTER 10　確定決算主義における弊害と解決策

　法人税については，国のサービスに対する対価であるとか，「営業活動を行う特権」に対する課税であるとか，「利益稼得の特権」に対する課税であると説明されています（武田隆二「税効果会計の基礎」『税経セミナー』1998年12月号）。

　法人税が国のサービスに対する対価とすれば，**受益者負担**が原則です。赤字会社といえども，例えば，国家から営業免許を受けて（これで他者が事業を営むことを排除している）いたり，道路，港湾，橋などの公共設備を使用しているはずです。同じ，国のサービスを受けながら，そのサービスに対する対価を支払う企業とただ乗りする企業があるのは不公平ではないでしょうか。

　国や地方自治体のサービスというとわかりにくいかもしれませんが，例えば，道路や橋，港湾，交通信号，街灯，気象予報，ゴミの収集，消防，警察などなど身の回りにいくらでもあります。道路や橋の建設財源として法人税や所得税の一部が充当されているとすれば，極端な話，利益を出し税を払っている企業や個人が建設費を負担し，それを赤字企業がただで利用していることになります。**赤字企業は，黒字の企業や個人にただ乗りしている**ことになりはしないでしょうか。

　わが国の場合，企業決算があまり正直に行われているとはいいがたい一面があり，しかも，**脱税と節税との区別があいまい**ともいわれ，正直な決算・正直な納税をしている企業・者からみますと，赤字会社であることさえ疑わしいことがあります。黒字を報告した企業・個人だけが税を負担し，その税で国や地方自治体が維持され，そのサービスは税を負担しない赤字企業（本当に赤字かどうか不明な）も受益するというのは，税を負担する企業や個人からみると不合理であり，不公平感を増幅させるのではないでしょうか。

　また，法人税が「営業活動を行う特権」あるいは「利益稼得の特権」に対する課税であるとすれば，利益を上げたかどうかに関係なく，営業を行っている

という事実または営利事業を営んでいるという事実に対して課税するのが筋でしょう。この意味では，法人税は儲(もう)けようとする者が負担するコストであるべきであって，儲けた者が負担するコストではないということもできます。

　もちろん，そうは言いましても，残念なことに，いかにアンフェアであっても，金持ちや支払能力のある者にしか税を課すことはできないのが現実です。いくら税を負担すべき者であっても，「無い袖は振れない」のです。これが，**公平課税の限界**であろうと思われます。

4　労働意欲の喪失

　法人課税も外形標準課税になれば，経営者にとっては「回避できないコスト」となり，このコストを吸収できるような収益，コストに見合った収益，このコストを吸収した利益をだそうと努力するでしょう。しかし，今の税制では，そうしたモチベーションは働きません。

　今の中小企業は，一定の収益がでると，それ以上は仕事をしないところもあるそうです。小売商も，キリスト教徒でもないのに，稼(かせ)ぎ時の日曜日を休業にしています。みんなが休んでいるときに働くことはないからです。税の軽減の恩恵を最大限に受けているといわれる医者でさえも，週に2日は休みを取ります。**働けば働くほど過酷な税が課せられる**からです。

　現在の法人税法では，**売上高至上主義**を生みやすいのも問題です。売上高の質を問題にする必要がないからです。売上高を課税標準とすれば，質のいい売り上げを確保しようと努力するでしょうが，売上高に課税されるわけではないので，マーケット・シェアと売上高だけが経営目標となりがちです。効率的な経営とか資源の効率的利用などということは目標になりにくいのです。

所得税も，働けば働くほど過酷な税が課せられます。老後のために，あるいは病気の家族のために，あるいはすこしでも楽になりたくて，夜に日を継いで働きずくめで収入を増やしたとします。でも，**働けば働くほど税金は，加速度で増える**のです。あたかも，働くのは犯罪であるかのごとくです。

　余談ながら，上の話と似たような**生活保護**の話をします。所管の厚生省では，生活保護費を支給するときに，保護受給者が預貯金をもっているとそれを資産として認定し，保護費を減額することにしているといいます（朝日新聞，1999年3月20日）。

　ところが，保護受給者の多くは，生活保護を受けるに至る前の段階で，なんとか自力で生計をたてようとして「最低限度以下」の生活に甘んじて，わずかばかりでも預貯金を蓄えるのです。ところが，この自立のための，血がにじむような努力が仇（あだ）になるのです。

　他人に迷惑を掛けまい，他人のお世話にはなるまい，と自助努力すればするほど，その努力が評価されず，逆に，生活保護費の削減という形でムチが待っているのです。保護を受ける前に，預貯金を贅沢（ぜいたく）な食事で使い果たしても，罰はなく，褒美（ほうび）のごとく保護費が全額，支給されるのです。どこか，不合理を感じるのはわたしだけではないでしょう。

　「最低限度以下の生活」に甘んじ，「自立のための血のにじむような努力」をして，老後のための固定資産を取得しても同じです。慎（つつ）ましい生活を続けてやっとの思いで住居を手に入れても，待ってましたとばかりに固定資産税がかかってきます。努力を余裕と誤解するのです。

5 社会的損失

　世の中の資源には限りがあります。経済学に，best use と full use という考えがあります。**限られた資源をフルに活用するという考えから，もっとも効率的に活用しようという考えに移ってきた**という話しです。

　企業が使う資源も，雇用する従業員も，作り出す製品も，すべて社会における希少資源です。これを無駄使いすることは，社会的な損失です。金の力に任せて資源を買いまくり，不使用のまま放置したり，朽ちさせたりすることは，今の社会では悪とされます。

　ところが，限られた資源を使っていながら，その資源を有効に活用し，資源の無駄を極力省いている企業（利益の大きい企業）には罰のごとく課税が待ちかまえており，国民から預かった資源を湯水のごとく浪費して損失を垂れ流している企業（赤字企業）には何らのおとがめもないのです。それどころか，ときには，税の還付というアメまで与えています。

　不採算な事業は，企業にとっての損失というだけでなく，社会にとっての損失でもあります。このことを税制でも認識する必要があるのではないでしょうか。採算のとれない，だらだら資源を無駄遣いする企業は，市場から退場してもらうためにも，上に紹介した**外形標準課税**は効果的です。もとより，そうはいっても，ベンチャー・ビジネスや当面はミルク補給をして育てなければならない事業もあります。こうした事業には，しばらくの間，税制面での踏み台を与える必要があることは，否定しません。

　法人税制に外形標準課税を導入すれば，ここでいう社会的な損失を防ぐことができそうです。例えば，企業が社会的な資源をどれだけ使用・拘束したかを

課税標準の1つとすれば，企業は資源の無駄遣いを止め，経営に不要な資源（例えば，遊休地など）を持たないようにするでしょう。

それにとどまらず，効率的な経営をした者には褒美としての利益があるということになれば，企業はもっと資源の有効利用や経営のスリム化にエネルギーを使うであろうと思います。

6 粉飾経理への誘導

会計方法の選択を変えれば企業利益が変わります。例えば，減価償却の方法として定額法を採用するか定率法を採用するかによって，当期に計上される減価償却費は大きく異なり，それに応じて当期純利益も変わります。当期純利益の額が変われば，それを課税標準とする法人税の額も変わります。

会計方法の選択という企業の意思次第で税金の額が変わるのです。そのために，現行の法人税法では**租税回避的な会計処理**が選択される傾向があります。それだけで済むのであれば，まだよいのですが，現行税制は，とかく**費用の水増し**を誘導しがちで，その結果浮いたお金が闇の世界に流れるという構図を作り出しています。

企業が利益操作を行う責任の一端は，税制にあるのです。また，企業が闇の世界に資金を流している責任の一端も，現行の税制にあるのです。

もうけをごまかして課税を免れることは，犯罪です。もちろん，経費をごまかして課税を回避することも犯罪です。しかし，経費を無駄に使ったり，浪費したりすることは犯罪にはならないのです。わが国で，脱税と節税の区別があいまいだといわれるのは，こうした面にも現れているようです。そこで，税金

を少なくしたいと思う者は，経費を無駄に使い，浪費するようになります。

　何もせずに決算を迎えると，100万円の利益には40万円の税が課せられます。それなら，その100万円で，得意先にお中元やお歳暮として高級品を贈ったり，取引先をゴルフや料亭で接待して使ったほうが，税として収めるより支出の効果は大きいと考える経営者もいるでしょう。60万円を接待や改装に使えば，利益は40万円になり，税金は15万円程度で済むことになります。費用として60万円を使えば，60万円の支出効果とともに，25万円程度の節税ができるのです。

　税金で取られるくらいなら，不要であっても店内の改装を行い，とりあえず夜食の弁当がでるまで残業し，当座は不要な消耗品を購入し，近くのところへもタクシーを使う，儲けのでているときは，経営者も浪費を奨励するかもしれません。

　古田精司教授は，「日本の企業はいくら稼いでも，利益の半分は税金でもっていかれる。それなら，使った方がまし，と経営者は考える。そうではなく，利益の大半が会社に残るとなれば別の使いようがある。少なくとも，経費をあぶく銭のように使うことはなくなるだろう」と言っています（武田昌輔編著『企業課税の理論と課題』税務経理協会，1995年，3－4頁）。

　それでも，金が企業経営のために実際に使われているのであればまだよい。無駄遣いであろうが浪費であろうが，贅沢な社員旅行であろうが，ゴルフや高級料亭での接待であろうが，金が現実に使われているうちは，マクロ経済からみて，経済効果を期待できます。佐和隆光教授は，「中元歳暮，接待，豪華な結婚披露宴等々」「日本の社会にビルトインされている様々なムダと『非合理』が，相当量の雇用を生み出していた」と言っています（佐和隆光『漂流する資本主義─危機の政治経済学』ダイヤモンド社，1999年，132頁）。

7 闇の世界への資金供給

しかし,現実には,上述したように,経費の水増しが行われ,そうして浮いたお金が闇の世界に流れるのです。駅前の金券ショップにゆけば,金額の小さいものならビール券,図書カード,ハイウエー・カード,少し高額なら,得意先や取引先にお中元・お歳暮として届けることを名目にして購入したギフト券・商品券が大量に出回っています。もうすこし大がかりには,社用を名目にして新幹線のチケット・航空券を大量に購入し,金券ショップで現金化しているところもあります。

さらにエスカレートして,領収書集めや領収書作りにまで手を染め,果ては,領収書屋の暗躍を招いているという話も聞いています。町のハンコ屋には,判読できないように作った商店名や会社名の印鑑を注文する客が後を絶たず,街角のあやしげな店では,住所や電話番号がはっきり書いてない領収書や,金額も日付も空白のままの,大手企業の名前が入った領収書が売買されているといいます。

まとも(と見える)領収書がそろっていても,あやしいことも多いのです。そんな領収書なら公認会計士や監査法人の監査で引っかかると思われるのですが,日本の監査は,「第一次伝票を見ない(見せてもらえない)」(伊東光晴『「経済政策」はこれでよいか―現代経済と金融危機』岩波書店,1999年,30-31頁)ために,「ピーナッツ1個 500万円」という領収書でも見逃されてしまうといいます。

こうした費用作りは,脱税という犯罪に終わらず,裏金で次の犯罪を引き起こす危険があります。税制が,結果的に,企業と闇の世界を結ぶ役割を果たしているのです。

8 新しい税制への提言

　現行税制における6つの弊害について述べてきましたが，この税制の大罪ともいうべきことは，国民に，「納めるべき税の額は自分で決められる」といった，間違った認識を広く植え付けてしまったことであると思います。

　消費税が多くのあいまいさ（取ったり取らなかったり，益税が事業者のふところに入ったり）を残していることから，小さな子供たちにまで，「税は取られ損」「税は納めなくてもいいもの」といった感覚が蔓延してきています。税に対する国民の意識を正常化しない限り，いつまでたっても健全な税制を確立できないのではないでしょうか。税に対する国民の意識を正常化するには，税のシステムを変える必要があると思われます。

　一気に税制改革を行うことを主張しているのではありません。まずは，**現行の確定決算基準による法人課税が重大な欠陥を抱えていること**，この課税方式を続けるにはもう限界であること，などを理解して，新しい課税方式のありかたを議論するたたき台としてほしいのです。

　そうしたたたき台の1つとして，現在，事業税に導入されている，「**外形標準課税**」を法人税に適用してはどうかという案，また，もう1つのたたき台として，「**支出のタイミングで課税する方式**」を考えてみたいと思います。

　前者は，すでに言及しましたように，誰が見てもはっきり分かるような基準，例えば，売上高，生産高，総資産，従業員数などを課税標準の1つとして法人税を課そうとするもので，「利益の素」になるものに課税しようという考え方です。人を雇い，資源を使って，製品を作ろうとする企業に，その雇用量，資源量，製造高に応じて負担させるのです。

CHAPTER 10　確定決算主義における弊害と解決策

　この税制は，国民経済の視点から見ますと，企業が社会から受託している資源の量，企業が社会で活動する量，資源や労働力の消費量，あるいは企業が拘束している社会資源の量などを課税基準の1つとするものです。

　「**支出のタイミングで課税する方式**」の趣旨は，これまでは利益・所得の生じた時，つまり，インフローがあったときに課税するものでしたが，これを，一部，アウトフロー，つまり，お金を使う時に課税するというアイデアです。

　実際に所得を手にしたタイミングで課税すると，最初に紹介したエピソードにあるように，一生懸命に働いて手に入れた2両連結の電車を，まだ1度も遊んでいないうちに取り上げられてしまうことになります。労働や努力，機知やひらめきを活かして，やっと手に入れてもそれを楽しむことさえ許されない税制なら，誰も汗水ながしたり，ひらめきを求めてウンウンなったりするのはバカらしくなります。

　「今使ってしまう人」からは今しか税をとれない。しかし，「今使わずに，後で使う人」は後からでもとれるし，それが当人の希望ともあうと思います。なぜ稼ぐのかを考えると，稼いだお金を今使わずに，後で使いたいからです。

　そこで，使うタイミング，支出のタイミングに合わせて課税するのです。この方式ですべての税を課すわけにはいきません。税収が遅れがちになったり安定しないからです。外形標準課税などの制度と組み合わせて，税の一部を「支出のタイミング」で課すのがよいのではないでしょうか。

CHAPTER 11

各国の会計と課税の仕組み
―確定決算主義を採用する国々―

1　イギリスの会計と課税の仕組み
2　ドイツの会計と課税の仕組み
3　フランスの会計と課税の仕組み

PART 3　特　　論

　この章では，会計先進国における会計制度の概要と課税の仕組みを紹介・検討します。会計先進国といいますと，アメリカ，イギリス，ドイツ，フランス，そして日本です。

　企業会計は，企業の資金調達の手段でもありますから，会計先進国には大きな資本市場があるのが当然です。アメリカにはニューヨーク証券取引所やNASDAQなどがあり，ヨーロッパにはロンドン証券取引所やユーロネクストがあります。日本にも東京証券取引所があり，日本の投資家からだけではなく世界の投資家の資金を集めています。

　ただし，会計制度と課税の仕組みを考えるという目的にとっては，どこの国でも参考になるというわけではありません。アメリカは，企業会計と税務会計が分離している（イギリスもそうですが）上に，合衆国全体（連邦）の会社法ではなくて州法が定められていたり，税も，連邦税と州法による税があって，実に複雑（怪奇！）です。この本1冊を使っても，概要すら紹介できそうもありません。

　そこでこの章では，会計先進国のうち，アメリカに近い制度（後で紹介しますように，日本と同じような申告納税制度を採用）でありながら，連邦と州のような2重の課税制度がない国としてイギリスを取り上げ，また，わが国と同様の確定決算主義を採る国として，ドイツとフランスを紹介し，それぞれの国の制度や考え方から，日本として学ぶべきものがあればぜひ学びたいと思います。

CHAPTER 11 各国の会計と課税の仕組み

1 イギリスの会計と課税の仕組み

1．簿記の誕生

　イギリスは，会計を生み出した国です。その前に簿記を生み出したのは，イタリアです。イタリアは，紀元前にギリシャが衰退した後，地中海の支配者として繁栄し，世界の富はイタリア（ローマ）に集中しました。11世紀には十字軍の東方遠征を支える都市国家（ポリス）が誕生し，そこでの膨大な取引や複雑化する取引を記録するために，**簿記のシステムが誕生した**といわれています。

　驚くことに，当時に編み出された簿記のシステムは，現在，世界中で使っている「**複式簿記**」のシステムとほとんど同じだということです。「進化がない」ということではありません。逆に，500年も600年も前に，とてつもなく素晴らしい簿記のシステムが完成していたのです。

　イタリアの商業都市では，今でいう「商業」と「流通業」がメインで，大規模な製造業は発達しませんでした。大規模な製造業が誕生するのは，18世紀から19世紀にかけてイギリスに起こった「**工場制機械工業**」による産業の変革が原因であったと言われています。いわゆる「**産業革命**」です。

2．会計の誕生

　産業が「工場制」「機械化」「大量生産」に変わるにつれて，必要とする資本が巨大になりました。工場の建設，機械の製作だけではなく，製造した製品を各地に輸送するための運河や鉄道，ヨーロッパ大陸へ輸出するための船や港湾などにも巨額の資金が必要でした。

　そうした巨額の資本を集めるには，大きな資金を持っている金持ちだけではなく，小口の資金でもいいから，たくさんの人たちに投資してもらうのがいい

143

という素晴らしいアイデアが生まれました。

　ここで重要な働きをしたのが，イギリス人の「ギャンブル好き」という性格です。イギリス人は，何にでも「賭け」ます。「明日の天気」はもちろん，「向こうから歩いてくるアジア人は，日本人か中国人か」（私がロンドンにいた時は，しばしば賭けの対象になりました）「次の試合はマッケンローが勝つかコナーズが勝つか」（すいません，30年前の話題です）「うちの旦那は，今夜，パブに呑みに行くかどうか」（イギリスのジェントルマンは，夕食を家族で済ませた後，近くのパブに呑みに行くのがお楽しみのようです。この時間のパブには，いつもの常連のジェントルマンしかいないそうです）。いつも決まって「小銭」（日本円にして30円とか50円）を賭けるのです。100円とか200円を賭けるわけではありません。

　イギリスにおける産業革命でも，こうしたイギリス人のギャンブル好きがうまく働いたのではないでしょうか。いくらイギリス人が「ギャンブル好き」でも，「小銭をどぶに捨てる」というよりは，「当たれば大儲け」を期待しているはずです。

3．イギリスにおける会計原則と監査の誕生
　新しい産業・企業に投資するにしても，できるなら「投資を回収」して，さらに「投資の利益」を手にしたいと考えるのは当たり前です。そうなりますと，自分が投資した企業について，**企業活動を記録**したり，**製品の原価を計算**したり，**今年の儲けを計算するシステム**が必要になります。こうした目的で誕生したのが「**会計**」です。

　イギリスでは，会計が「他人のお金を預かって資金を活用し，その結果を投資家に報告する」という**外部報告会計からスタート**したために，早くから経理や決算の約束事としての**会計ルール**（会計原則）が発達し，また，企業外部者による経理や報告のチェック（**会計士による監査**）も導入されました。

4．イギリス会計を支えるコンセプト

　イギリスの会計は，以下に紹介するようなコンセプト（考え方）が根底にあります。こうしたコンセプトの一部は，その後，イギリスと同じような直接金融を取るアメリカに伝播し，さらに日本にも導入されました。

(1) **真実かつ公正な概観**という原則が最優先される（True and Fair View override）
(2) **法の形式よりも経済的実質**を報告することを重視する，実質優先主義（substance over form)が採られている
(3) 上の目的を達成するために必要な場合は，**会計基準からの離脱**だけではなく，**会社法の定める会計原則からの離脱**も求められる（departure from accounting standards）
(4) 会計のルールを設定する場合には，あまり詳細な規定を設けず，基本的・原則的な規定にとどめ，実務において会計基準を適用する場合に，経営者の責任において，自社の状況に最も適合する会計処理や会計報告を行えるように配慮している。原則主義（principle based）という

　こうした特徴を持つ**イギリスの会計は**，その後，アメリカが南北戦争を経て産業革命を迎える時期に，**イギリスの資本とともにアメリカに輸出され，同国に定着**しました。アメリカには，産業革命に必要な資本と，資金の動きを監視する会計士や記帳の制度も輸出されたのです。現在のアメリカの会計制度がイギリスとよく似ているのは，こうした事情からです。

5．直接金融と間接金融―リスクを誰が負うか

　イギリスとアメリカの会計制度は，直接金融を背景とした資金調達と資金運用結果の報告が基本的な構造をなしています。日本は，長い間，企業が必要とする資金は銀行や保険会社から借りるというのが一般的でした。

銀行や保険会社は，一般市民・国民から，預金とか保険料という形でお金を集め，それをより高利で企業に貸し付けるのです。これを，一般市民のお金をいったん銀行や保険会社に預けて（万が一のリスクは自分で負わないようにして）それを，資金を必要としている企業に貸し付けることから「**間接金融**」と呼ばれています。

　企業が，株式や社債を発行して必要資金を調達するのを「**直接金融**」といいます。銀行などを通さずに，直接，投資家から資金を集める方式です。株主や社債権者（社債を購入した投資家）は，企業の「収益性」「成長性」「財務安全性」などを自分で判断しなければならず，万が一企業が破綻した場合のリスクを自分で負わなければなりません。

6．コモンロー世界の会計と課税制度

　コモンローの世界（主として英語圏のイギリス，アメリカ，カナダ，オーストラリア，ニュージーランドなど）では，**企業の会計は「私的自治」の世界，私法の世界**のことであり，その企業の経営に参加する投資家（株主，債権者，取引先など）が自由に決めることができると考えられています。そこでは，どのように利益を計算するのか，資産をどういう基準で評価するか，株主にはいくらの配当を支払うか，などといったことは，その企業の経営に参加する投資家（資本を出した人たち）が自由に決めることができると考えています。これが「**私的自治**」です。

　しかし，税金が絡んできますと，私企業の決算も私的自治の話では済まなくなります。法人の所得や個人の所得に課す税は，国が課す税金です。国が課す税の計算を企業の私的自治に任せるわけにはいきません。企業の所得（利益）に課す税金（法人所得税）は，そのときどきの国家の財政状態によって変わります。

本来なら「公」の世界の話である課税は，イギリスやアメリカでは，企業の会計（決算）とは切り離されており，日本やドイツ，フランスなどでは密接に結びついているのです。

　日本や独仏では，**企業会計によって計算した利益を課税所得とみなして**，納める税金が決められます。これを「**確定決算主義**」といいます。PART 1 の CHAPTER 1 と PART 3 の CHAPTER 10 で，その内容と問題点を詳しく紹介しました。

7．所得税の創設

　実は，**イギリスは所得税を世界で初めて導入した国**でもあります。1799年のことでした。それ以前には，紀元前の時代のローマ（イタリアとして国が纏まるよりもはるか昔）では，「10分の1税」といった課税が行われていました。課税の基準が「所得」ではなく「収入額」でした。

　「所得」は収入からいろいろな費用等を差し引いて計算しなければならず，ルールを作るのも，その合意を得るのも大変ですが，「収入」であれば比較的容易に把握できたのではないでしょうか。

　イギリスでは，最近まで「**賦課課税制度**」が採用されていましたが，1993年に，わが国と同じ「**申告納税制度**」に変わりました。申告納税制度では，企業が自ら法人税の税額を計算しなければなりませんから，その計算に必要なルールも明示されなければなりません。

　法人税の計算は，一部では，わが国と同じように，企業会計上の利益をベースに加減算して課税所得を求めるものですが，わが国のような「損金経理」といった処理はありません。

8. イギリスの法人税率

イギリスの法人税は，1999年以降30％でしたが，2008年に28％，2011年に27％，2012年に24％，2013年に23％に下がり，2014年には24％に下げる予定であるといいます。

イギリスには，わが国の事業税や法人住民税に該当する地方税はないので，企業の税負担は，わが国に比べて低いといえるでしょう。

9. 企業誘致の税制

イギリスは，2015年4月に法人税率を20％にまで引き下げることにしています（2013年現在23％）。ヨーロッパの主要国では最低の税率になります。また，**知的財産権から得られる収入は，10％の軽減税率が適用されています。**「パテントボックス」と呼ばれる制度です。

この制度があるために，グローバルに事業展開する企業は，イギリスに知的財産を登録するようになりました。

【参考文献】

矢内一好「英国税務会計史(1)」『商学論叢』(中央大学) 第54巻第6号，2013年3月

鎌倉治子「英国歳入関税庁の発足―税務行政の一元化と租税政策の立案・実施の分離―」『レファレンス』(国立国会図書館) 2007年7月

日本経済新聞「英の法人減税，日本に波紋」2013年6月18日

田中　弘『イギリスの会計制度』中央経済社，1993年

税理士法人トーマツ編『欧州主要国の税法（第2版）』中央経済社，2008年

2 ドイツの会計と課税の仕組み

1．ドイツの税制

ドイツの税制は，配分としては，連邦税，州税，地方税，そして連邦と各州に配分される連帯付加税から構成されています。連帯付加税は，ドイツ独特の税であり，東西ドイツ統一にあたり旧東独支援を目的として創設されたものです。税の種別としては，法人税，営業税，個人所得税，付加価値税（日本で言う消費税），配当等にかかる資本収益税，さらには教会税等，様々な税があります。

2．法　人　税

本章で主に取り扱う税は，**法人税**（Koerperschaftssteuer）です。法人税の対象は，ドイツに居住する有限会社や株式会社等の居住法人，および非居住法人であっても支店など恒久的施設がドイツにある場合となります。法人税については，個別の法律である**法人税法**とともに，租税に関する一般原則を規定する**租税通則法**とにより，詳細が定められています。税法の細部の解釈にあたっては，税務当局から頻繁に公表される通達やガイドライン，さらには**税務裁判所の判例**等も，重要な判断基準となっています。

原則的に所在地をドイツに有する法人は，**全世界の所得が課税対象**となります。ただし，国外支店の損益については，ドイツが締結している租税条約のほとんどは所得免除方式が締結されているので，課税所得算定にあたっては除外されます。

また，国税としての法人税の他に，当該法人所得に対して，**営業税**（Gewerbesteuer）という地方税が課税されます。営業税の算定は，法人税法上の課税所得を基準として行うので，両者を一体のものと見なし，「法人所得

税」と表記する場合もありますが，本章では両者を「法人税」として表記し，必要に応じて法人税と営業税を分けて説明したいと思います。

　2008年以降，ドイツの純粋な法人税率は，15％と定められています。ただし，連帯付加税が法人税額の5.5％課されます。さらに，先述した営業税が，法人所得に課されます。営業税は，全国共通の3.5％の課税基準率と，市町村が毎年設定する賦課率を用いて算出されます。したがって，営業税の税率は自治体ごとに異なることになります。法人税に，連帯付加税，およびドイツ自治体の平均的な営業税を加えた，**ドイツにおける実効税率は29.83％，つまり約30％**となっています。

　実はドイツにおける法人税の実効税率は，長期で見ればかなり下がってきています。特に2007年のドイツ法人税制の改正により（施行は2008年），それまで約40％であった法人税の実効税率が，現在の約30％まで下がりました。これは，ドイツ一国の事情というより，ＥＵ域内の事情（ＥＵ域内の税率平均化の圧力，各国の税の引き下げ競争等）によるところが大きかったと言われています。同様に，ＥＣ指令や欧州裁判所の判例等，ＥＵ全体の影響がドイツの税制全体にも影響を及ぼしつつあります。

3．基準性の原則（確定決算主義）

　法人の課税所得については，**ドイツ商法典**（Handelsgesetzbuch，以下「ＨＧＢ」という）に基づいた決算書の利益を基準にして，法人税法上の損金及び益金項目の調整等を行った後，算定されることになります。つまり，ドイツは日本と同様，**確定決算主義**をとっていることになります。日本でいう確定決算主義のことは，ドイツでは，「**基準性の原則**（Massgeblichkeitsprinzip）」といいます。

　基準性の原則をもう少し詳しく述べますと，ＨＧＢに準拠して作成された貸借対照表である**商事貸借対照表**（Handelsbilanz）が，ドイツ租税法に準拠して

作成された貸借対照表である**税務貸借対照表**（Steuerbilanz）に対して、「基準」あるいは「基礎」となることをいいます。ドイツ所得税法5条1項1文では、「商事貸借対照表が税務貸借対照表の基礎になる」ことと言っています。

ドイツにおける基準性の原則は、日本における確定決算主義と同様に、**会計と税務を強く結びつけている**ことになります。ドイツの会計は、ドイツの課税の仕組みと強く関係してきた歴史があり、そこがドイツ会計の特徴だったと言っても良いでしょう。

ただし、正確に言えば、ドイツにおける会計と税務の強い結びつきは、時代の流れの中で、昔のままというわけにはいかなくなっています。詳しくは5節で説明しますが、ドイツの会計の仕組みを長らく安定的に支えてきたHGBは、**国際会計基準**（以下「IFRS」という）との対応に追われる中、変化を余儀なくされています。

4．統一貸借対照表
• 商事貸借対照表と税務貸借対照表との一致

基準性の原則に完全に基づくならば、HGBに準拠して作成された商事貸借対照表と、ドイツ租税法に準拠して作成された税務貸借対照表は同一のものであってもよいことになります。同一の貸借対照表は、ドイツにおいて、「**統一貸借対照表**（Einheitsbilanz）」と呼ばれてきました。

統一貸借対照表は、「商事法と租税法の目的を同時に充足する貸借対照表をいい、**1つの貸借対照表**で、商事法上の分配計算、租税法上の利益算定、資本維持、債務超過化判定等の**あらゆる目的の基礎になる**」（坂本［2011］348頁）ような貸借対照表のことを言います。

実は，税務貸借対照表や統一貸借対照表に関するドイツの法律上の定義や規定はありませんが，「ドイツにおける大多数の中小企業では，この統一貸借対照表作成手続が，社会適用性に適うものとして広く実務に浸透」(同上)してきたことが指摘されています。

統一貸借対照表は次のような事情により，ドイツにおいて実務に取り入れられたようです。1861年当時の「ＨＧＢに従い帳簿を付け，貸借対照表を作成し，財産比較により利益計算をしていた商人にとっては，２種類の計算を行うことは煩雑であった。そこで，彼らの要請を受けて，議会でＨＧＢ上の利益を税務上の所得の基礎とすることがみとめられたのであった」(同上)。つまり，ドイツ商人の要求にもとづき，統一貸借対照表は，またその基盤となる基準性の原則は認められたことになります。ドイツにおける基準性の原則は，いわばボトムアップ型の会計基準であったとも言えるでしょう。

5．ドイツにおけるＩＦＲＳ対応がもたらしたＨＧＢの変化について
・**逆基準性の廃止**

既述のようにドイツにおいては，長らく基準性の原則により，会計の仕組みと課税の仕組みに大きな差異がなかったことになります。しかし，このことは逆に，税法が会計を実質的に規定してしまう「**逆基準性**」を生むことになってしまいました。ただし，この逆基準性は，ドイツにおけるＩＦＲＳへの対応がもたらしたＨＧＢの変化により，結果的に**廃止**されることになります。この間の事情を，以下で見ていくことにします。

欧州連合(以下「ＥＵ」という)域内においては，2005年１月より，**域内の上場親会社は，その連結財務諸表の作成においてＩＦＲＳの適用が強制**されることになりました。ちなみにこれは，ＥＵが，米国会計基準(US-GAAP)に対抗し得るものとして，ＩＦＲＳを選択するという会計戦略をとったためです。

EUにおけるIFRS強制適用の決定は、ドイツにおける会計環境を長らくHGBにより安定的に担わせてきたドイツの会計システムに大きな影響を与えるものでした。ドイツにおいて、**HGBとIFRSとのコンバージェンスを図る必要性**が出てきたからです。これはつまり、大陸法の伝統である債権者保護等を基本思考としてきたHGBを、外部投資家の意思決定に役立つ情報を提供するという目的を有するIFRSに、近づける必要性が出てきたことになるのです。

このドイツ固有の国内法であるHGBを、グローバルな会計基準と目されるIFRSに近づける目的で、2009年にできたドイツ国内法が、**会計法現代化法**（Bilanzrechtsmodernisierungsgesetz、以下「BilMoG」という）なのです。

BilMoGにより、長らくドイツ会計の特徴でもあった**逆基準性は廃止**されました。さらにこれに伴い、先述した**統一貸借対照表も廃止**されることになりました。税務との一体化が特徴とも言えたドイツの会計は、その姿を大きく変えようとしていることになります。

BilMoGには、HGBをIFRSに近づけること以外に、もう１つの目的がありました。それは、**ドイツの中小企業にかかる会計業務負担の軽減**です。上場するような大企業はもともと資本市場を指向しており、IFRSの基本姿勢と合致しています。しかしながら、上場等を目指さない非資本市場指向の中小企業にとっては、IFRSが要求するような会計処理は多大なコストがかかるばかりか、意味のないものとも言えます。そこで、記帳業務や公開業務の簡素化をBilMoGにより認め、ドイツの中小企業に対して、大企業並みのIFRS対応コストや労力をかけないで済むような措置を講じようと試みたのです。

6．ドイツの中小企業の会計について

　ＩＦＲＳを作成する**国際会計基準審議会（IASB）**は，大企業向けのＩＦＲＳを基本としながら，それを一部簡略化した**中小企業版ＩＦＲＳ**も作成しています。しかしながら，ドイツにおいては，長いＨＧＢの伝統もあり，その導入については消極的な姿勢をとっています。この事情は，「ＩＦＲＳ対ＨＧＢという構図」（稲見［2013］104頁）になっているようです。

　ドイツでは，上場企業のような「資本市場指向企業」と，上場等は目指さず国内で活動していこうとする中小企業を中心とした「非資本市場指向企業」とにレベル分けして，ＩＦＲＳとの対応を戦略的に図っています。ドイツにおいては，「資本市場指向企業レベルでの国際会計基準への接近と同時に，非資本市場指向企業レベルにおいて，国際会計基準の影響を遠ざける形で規制緩和が進められている」（同上）のです。

　つまり，ドイツにおいては，資本市場指向企業，簡単に言うと上場大企業向けの会計はかなりの程度ＩＦＲＳと同一の会計を行い，非資本市場指向企業，つまりは非上場の中小企業は，ＩＦＲＳではなくＨＧＢの現代的基本政策に合致するような会計を行うことを是としていることになります。そして，ここでいうＨＧＢの現代的基本政策は，従来のような国内税務というより，ＥＵのＩＦＲＳ対応戦略を主に睨んだものとなるのです。ドイツのこの，いわば，**連単分離政策**および**会計と税務の一部分離政策**は，日本の会計，特に中小企業のあるべき会計の今後を考える上でも，参考となる可能性を秘めているのではないでしょうか。

【参考文献】

稲見亨稿「ドイツにおける非資本市場指向の会計制度－最小規模資本会社会計
　　法修正法（MicroBilG）の要点－」『會計』森山書店，第183巻第2号，2013
　　年2月．

坂本孝司著『会計制度の解明　ドイツとの比較による日本のグランドデザイン』中央経済社，2011年。
税理士法人トーマツ編『欧州主要国の税法≪第２版≫』中央経済社，2008年。
日本公認会計士協会「会計基準のコンバージェンスと確定決算主義」（租税調査会研究報告第20号），2010年６月。
　　http://www.hp.jicpa.or.jp/specialized_field/pdf/ 2-2-20-2-20100615.pdf
松本美紀稿「世界税制事情　ドイツ」『税経通信』，2009年10月。

3　フランスの会計と課税の仕組み

　フランスにはさまざまな税が存在しますが，主たる税収は**付加価値税**（taxe sur la valeur ajoutée）・**所得税**（impôt sur revenu）・**法人税**（impôts sur les benefices des sociétés）から得ています[1]。

　法人税について補足すれば，会社は**物的会社**（sociétés de capitaux）と**人的会社**（sociétés de personnes）に区分され，そのうち**法人税の対象となるのは株式会社などの物的会社**であり，**人的会社には原則として所得税が適用**されます[2]。

　以下では，フランスにおける会計上の利益と法人税法上の課税所得の関係について，まずは，これまでの歴史的経緯とともに概観したうえで，両者の差異を具体的な例とともに考察し，近年，加速化しつつある会計基準の国際的コンバージェンスが両者の関係にどのような影響をおよぼしていくのかを展望することにしましょう。

1．会計制度と課税システム

　会社は，課税所得の申告にさいして，次の会計情報を同時に提出しなければなりません。これらの会計情報は，フランスの個別会計基準である**プラン・コ**

ンタブル・ジェネラル（Plan Comptable Général）の定義や規定を尊重して作成しなければならないとされています[3]。

① 貸借対照表
② 損益計算書
③ 固定資産
④ 償　　却
⑤ 引　当　金
⑥ 決算日時点の債権および債務の支払期日

　そのうえで，会計上の利益を法人税法上の規定にもとづいて修正し，課税所得を計算します。その意味で，**フランスは，日本の確定決算主義とほぼ同様の課税システムを採っている**といえるでしょう。

　また，会計基準が認める会計処理はその大半が税法でも容認されているために，会社の経営者は取引の実態よりもむしろ結果としての課税額を意識して会計処理を選択することになります[4]。くわえて，後述するように，税法は原則として会計基準を尊重するとしながらも，逆に税法の規定が会計基準に影響をおよぼす場合もあります。これは，いわゆる「**逆基準性**」の問題です。

　ここで，会計上の利益と課税所得をめぐる最近の動向や具体的な差異を検討するまえに，簡単にフランスの会計制度と税法との関係を歴史的な経緯とともにみておきましょう。

　フランスの会計制度は，1673年の商事勅令以降，商法を中心に発展してきましたが，戦後，会計基準として**プラン・コンタブル・ジェネラル**が公表されると，そこで詳細な会計上の手続きや処理が商法の規定と齟齬をきたさないかたちで規定されることになりました。もっとも，現在では，その役割は個別会計

に限定され，**連結会計基準にはＩＦＲＳが採用**されています。

　今日の法人税法はこのプラン・コンタブル・ジェネラルに準拠して測定された利益を基本とし，それに若干の調整をくわえて**課税所得**を計算します。フランスにおける課税の仕組みは，このように会計制度はもちろんのことですが，会計実務の発展にも影響されながら，現在にいたっています。その点も触れておきましょう。

　そもそも，会計に係る法的規制が未整備であった20世紀初頭に，すでに税務当局は会社の「利益」に対して課税し，その「利益」の申告にさいして要約損益計算書の提出を求めています。要するに，法的規制がなくとも，当時の会計実務は税務当局が「利益」にもとづいて課税できるほど充分に成熟しており，そのことを考慮したうえでの課税だったわけですが，今日でも，税務当局はプラン・コンタブル・ジェネラルの規定を尊重しながらも会計実務の現状に配慮した課税の仕組みを考えています。

2．会計上の利益と課税所得

　会社は，税法の規定と抵触(ていしょく)しないかぎり，原則として，プラン・コンタブル・ジェネラルを尊重して，課税所得の申告に必要な会計情報を作成しなければなりません[5]。この規定のおかげで，会社は複数の会計情報を作成しなくてすみますし，税務当局はわざわざ独自に完結した会計規定を設定しなくてすみます。

　こうした制度上の便宜を活かすために，税法はプラン・コンタブル・ジェネラルにできるかぎり歩調をあわせ，ＩＦＲＳとのコンバージェンスを目的にプラン・コンタブル・ジェネラルを改正するたびに，それに対応するかたちで何度もその規定を修正してきました。

PART 3　特　　論

　ここで，近年の動向や会計上の利益と課税所得の差異をめぐる議論に鑑(かんが)みながら，有形固定資産の減価償却・無形資産・引当金の3つの項目に焦点をあてて具体的にみていきましょう。

● 有形固定資産の減価償却

　フランスにおいては，会計上，2005年以降はＩＦＲＳの影響をうけ，固定資産は利用方法などに応じていくつかの構成要素に区分し，それぞれの構成要素別に減価償却をしなければなりません。

　例えば，航空機であれば，機体やエンジン，座席などの構成要素に区分して償却を実施することになります。税法においても，このようなプラン・コンタブル・ジェネラルの改正に対応して構成要素別の減価償却を導入しました。ただし，同時に，いくつかの例外をもうけて，煩雑な会計処理を会社に強いらないよう工夫もしています。

　耐用年数については会計上も税法上も同じく当該固定資産の利用期間としていますが，償却方法については，会計上は価値の費消パターンに応じた償却方法を基本として定額法や生産高比例法などを推奨している[6]のに対して，税法上は定額法または定率法を採用しなければならないとしています。くわえて，税法上では1期間あたりの最低償却額[7]が定められています。

　また，一旦，採用した償却方法は会計上であれば継続して用いなければなりませんが，税法上は繰延償却が認められており，赤字の会社は最低償却額を超える償却額[8]を次年度以降に繰り延べることができます。

CHAPTER 11 各国の会計と課税の仕組み

● 無 形 資 産

　無形資産のなかでも，創立費と研究開発費にしぼって，会計上と税法上のそれぞれの取扱をみていきましょう。

　創立費は会社設立に要した支出額ですが，わが国においては，発生時に全額を費用として計上せずに資産として繰り延べることができます。

　ＩＦＲＳとのコンバージェンスに向けて矢継ぎ早に改正を重ねてきたプラン・コンタブル・ジェネラルですから，本来であれば，創立費のような繰延資産の計上を否定すべきところですが，いまだに創立費の無形資産としての計上を認めています。その理由は税法にあるといわれています。

　研究開発費についていえば，ＩＦＲＳは，研究費については発生時に費用処理し，開発費についてはある一定の要件を充たすかぎりにおいて資産計上しなければならないとしています。プラン・コンタブル・ジェネラルにおいても，ＩＦＲＳとのコンバージェンスを目的に，同様の規定が設けられましたが，**オプションとして開発費の費用処理**も認めています。

　開発費の資産処理と費用処理の２つの選択肢を企業に認めた背景には，創立費と同様に，税法の影響があるといわれています。

　創立費および開発費のいずれも，会計上の取扱は，ＩＦＲＳよりもむしろ税法の影響を受けているようです。

● 引 当 金

　会計上，引当金として設定される額は，そのほとんどが税法上も損金処理することが認められています。ただし，税法上の引当金として認められるには，その対象となる将来の費用または損失は次の要件を充たさなければなりません。

① 税法上の損金として控除されうること。
② 費用または損失を特定できること。
③ 費用または損失の発生する可能性が高いこと。
④ 費用または損失が当期中の事象を原因として発生すること。

②③④の会計上の引当金設定要件にくわえて①が列挙されているように，そもそも当該費用または損失が税法上の損金として認められるかどうかも問題となっています。

フランスにおいては，会計上，将来の費用または損失に備えるために，**危険引当金**（provisons pour risques）や**費用引当金**（provisions pour charges），**大規模修繕引当金**（provisions pour gros entretien）などの引当金設定が認められています。これらの引当金は，①および②の要件を充たしていないように思えるものの，いずれも税法上もその設定が認められています。

他方で，ＩＦＲＳが強制している**退職給付引当金**（provision courvant la totalite des engagements de retraite et avantages assimiles）の設定は，フランスにおいては，会計上は任意としているものの，税法上は認めていません。このように，フランスが退職給付引当金の設定に消極的でいるのは，そのような会計処理がフランスの年金制度に適さないためとされています。フランスにも企業年金制度はあるものの，制度を設けているのはごく一部の大企業であり，広く普及するにはいたっていないようです。

3．会計基準のコンバージェンスと税法

いまのところ，プラン・コンタブル・ジェネラルがＩＦＲＳとのコンバージェンスを目的に改正を重ねるたびに，税法もその規定を修正してきています。

しかし，税法の使命はあくまでも安定的な税収の確保にあります。それが果たせないのであれば，税法は会計基準から乖離（かいり）せざるをえなくなるでしょう。そのことで犠牲になるのは，さらに複雑な調整計算を強いられる会社です。

　会計基準がＩＦＲＳの影響を強くうけるなかで，確定決算主義のメリットおよびデメリットも含め，会計基準と税法のあり方，両者の関係をあらためて再考する必要があるのかもしれません。

（注）

1) http://www.bdm.insee.fr/ 参照（2013年5月）。
2) Memento Pratique Francis Lefevre, Fiscal 2012, para. 35500, 2012.
3) 各表の様式は下記アドレスから入手可能。
  http://www.impots.gouv.fr/portal/deploiement/p1/fichedescriptiveformulaire_7778/fichedescriptiveformulaire_7778.pdf
4) Ordre des Experts-Comptables, Code Comptable et incidences fiscales, 2012, p. 248.
5) Art. 38 quater,Code Gneneral des Impots.
6) 償却方法について会計上は規定があるわけではない。
7) 定額法を採用した場合の期間あたりの償却額とされる。
8) 定率法にもとづく償却額＞定額法にもとづく償却額の場合に，その差額を次年度以降に繰り延べることができる。

CHAPTER 12

中小企業のための会計基準
― 中小企業会計要領と中小企業会計指針 ―

1　会計基準をめぐる2つの考え方―シングル・スタンダード vs ダブル・スタンダード
2　わが国にある2つの中小企業会計基準―中小企業会計指針と中小企業会計要領

PART 3　特　　論

1　会計基準をめぐる2つの考え方
　　—シングル・スタンダード vs ダブル・スタンダード

　中小企業のための会計基準が，大企業のための会計基準とは別個に必要なのかどうかは，会計上のとても大きな問題です。

　ちなみに，**取引の実態が同じならば，そこに適用されるべき会計基準は1つであるべきだとする考え方**を「**シングル・スタンダード（論）**」と言います。これに対して，取引の実態がたとえ同一だとしても，特に**企業規模により，適用される会計基準については相違があってしかるべきだとする考え方**を「**ダブル・スタンダード（論）**」と言います。

　「シングル・スタンダード」と「ダブル・スタンダード」という対立軸は，「時価」vs「原価」や，「資産負債アプローチ」vs「収益費用アプローチ」といった対立軸と同様，会計，特に会計基準を観察する際に有益な視点を与えてくれます。

　むろん，詳細に見ていくならば，上述の諸対立軸は完全に対立しているばかりでなく，一方が他方の考え方を一部含んでいたり，対立するように見えて同一の土俵に乗っている場合もあります。それでも，本章においては，この「シングル・スタンダード」と「ダブル・スタンダード」という対立軸を中心に，中小企業のための会計基準についての説明を加えていきたいと思います。理由は，わが国において，なぜ，中小企業のための会計基準が2つあるのかという素朴な疑問に対して，一定の解を与えてくれるからです。

2 わが国にある2つの中小企業会計基準
―中小企業会計指針と中小企業会計要領

　わが国には，中小企業のための会計基準が2つあります。まず，平成17年8月に公表され，平成23年7月に最終改訂された「**中小企業の会計に関する指針**」（以下「**中小企業会計指針**」あるいは「**中小指針**」という）です。もう1つは，平成24年度2月に公表された「**中小企業の会計に関する基本要領**」（以下「**中小企業会計要領**」あるいは「**中小要領**」という）です。

　中小指針と中小要領は，共にわが国の中小企業のための会計基準であるのに，そもそもなぜ2つに分かれているのでしょうか。その最大の理由は，**中小指針が基本的にシングル・スタンダードに基づくもの**であり，これに対して，**中小要領が基本的にダブル・スタンダードに基づくもの**であるからなのです。本当にそう言えるものなのかについて，以下において，中小指針，次いで中小要領の順に見ていくことにしましょう。

1．中小企業会計指針の形成の歴史

　もともと，上場するような大企業向けには，**企業会計審議会**（1949年に発足し2001年にASBJができるまで日本の会計基準作りを担っていた組織）や**企業会計基準委員会**（以下「**ASBJ**」という）の公表した会計基準が存在していましたし，今も存在しています。

　ただし，大企業と中小企業とでは，その規模だけでなく，企業をとりまく環境が大きく異なります。例えば，主な利害関係者は誰なのか，あるいは会計情報の作成・開示を担当できるマン・パワーの有無等です。したがって，大企業向けに作成されたこれまでの日本の会計基準を，中小企業がそのまま適用することは現実的ではありませんでした。税金計算とは異なる，中小企業の実態に

即した会計ルールの整備により，中小企業を振興させることが日本経済にとって必要なのだという機運のもと，ここに，中小企業独自の会計基準の必要性が広く認識されるようになったのです。

上記のような必要性からまず，**中小企業庁**より平成14年6月に「**中小企業の会計に関する研究会報告書**」が公表されました。しかしながら同報告書は，実務上の細則についてはこれに定めず，税理士または公認会計士の団体に委ねることになりました。

この要請を受け，**日本税理士会連合会からは「中小会社会計基準」**が，そして**日本公認会計士協会からは「中小会社の会計のあり方に関する研究報告」**が別個に公表されました。こうして，**中小企業のための会計基準が3つもある**という混在状況が生まれてしまったのです。中小指針は，この混在状況を打破し，中小企業のための会計基準を一本化するという，重要な役目を負って登場することになるわけです。

上述のように，**中小指針**は，3つの会計基準の混在を解消する目的で登場することになるわけですが，この過程において看過できない問題が生じていました。それは，既述の日本税理士会連合会から公表された「中小会社会計基準」と，日本公認会計士協会から公表された「中小会社の会計のあり方に関する研究報告」との間には，**会計基準に対する大きな考え方の違い**があったことです。

前者は，企業規模により適用される会計基準には相違があってしかるべきという考え方に基づくものだったのに対し，後者は，取引実態が同一ならば企業規模に関わらず適用される会計基準は同一であるべきいう考え方に基づくものでした。本章において特に注目している対立的思考によれば，**日本税理士会連合会の公表した基準はダブル・スタンダードの立場**であり，**日本公認会計士協会の公表した報告書はシングル・スタンダードの立場**であったことになります。

つまり，中小指針は，異なる３つの基準を単純に一本化するだけでなく，シングル・スタンダードとダブル・スタンダードという会計基準に対する根本的な対立軸の解消・解決をも背負って登場する宿命を帯びていたのです。

　以上のような難題の解消・解決を目指して，**中小指針**は，平成17年８月に，**日本公認会計士協会・日本税理士会連合会・日本商工会議所・ASBJの連名で公表**されました。**中小指針は，会計参与設置会社**という，中小企業の中でもそれなりの体制を整えている会社に対して，その適用が推奨されました。つまり，中小指針は，その適用対象を絞ることを通じて，シングル・スタンダードの考え方に基づき，既述の難題の解決を図ろうとしたことになります。

２．中小企業会計指針の特徴

　中小指針は，平成17年８月に公表され，平成25年２月に最終改正されました。**中小指針がシングル・スタンダードの考え方に基づいているという最大の証拠は，「取引の実態が同じなら企業規模に関係なく会計処理も同じになる」**という一文にあります。

　さらに中小指針では，中小企業にとって望ましい会計処理については，「**一定の水準を保つ**」ことを要請しています。この一定の水準を保っていくためには，例えばASBJが新たに公表したり改正したりする企業会計基準を，公表や改正の都度(つど)，受け入れて自らの内容を変えていく必要があります。そして現実に，**中小指針はその公表以後，毎年のように改正されてきた**のです。

　ここで注意を要するのは，中小指針は，ASBJの公表する日本の大企業向けの会計基準にのみ影響を受けているのではないことです。周知のとおり，ASBJは，**国際会計基準**（以下「ＩＦＲＳ」という）を作成する**国際会計基準審議会**（以下「IASB」という）と，お互いの会計基準の間に横たわる相違を少なくしていくことを合意しています（この合意のことを，「**東京合意**」といいます）。

PART 3 特　　論

　東京合意の精神にしたがうならば，日本の会計基準とＩＦＲＳとの相違は，ASBJおよびIASB双方が等分に歩み寄って解消することになるはずです。しかしながら，種々の事情から，日本の会計基準がＩＦＲＳ寄りに改正を重ねているのが現状です。

　つまり，IASBの作成するＩＦＲＳの影響は，ASBJの作成する日本の大企業向けの会計基準に及び，さらにシングル・スタンダードの考え方に基づき中小企業向けであったはずの**中小指針にまで及ぶ構造**になっているのです。その証拠に，ＩＦＲＳが改訂されるごとに，中小指針は毎年のように改訂されてきています。

3．中小企業会計要領の形成の歴史

　上述のように，中小指針の最大の特徴は，「取引の実態が同じなら企業規模に関係なく会計処理も同じになる」というシングル・スタンダードの立場に立っているということです。したがって，取引実態が同一であるならば，大企業であろうと中小企業であろうと，同一の会計処理が求められることになります。

　さらに，先にも触れたように，日本の会計基準は，東京合意以降，ＩＦＲＳとの差異をできるだけ無くしていく（これを「**収斂**（しゅうれん）」といいます）方向で作成されています。言ってみれば，「**日本の会計基準のＩＦＲＳ化**」が進んでいるのです。ということは，「**日本の中小企業が中小指針に準拠しようとすると，実質的にはＩＦＲＳに準拠することになる**」と言っても過言ではなくなります。

　ＩＦＲＳは，投資家を中心とする多様な利害関係者が存在する**大企業を対象**としたものであり，それらの**外部投資家が有益な意思決定を行うことを支援す**るのを最大の目的としています。

CHAPTER 12　中小企業のための会計基準

　これに対して，日本の中小企業の多くは，銀行を主力とする単純な利害関係者に囲まれながら，そこからいかに融資を受けていくか，さらにはそれを通じて自らの真の姿を自ら（つまり企業経営者）がいかに認識し今後に役立てていくのかということを，会計情報に望んでいると考えられます。

　日本の中小企業の実態からの乖離（かいり）が目立った中小指針は，実態を写し取るという会計本来の目的に寄与しないばかりか，複雑すぎ使い勝手の悪い基準と見なされることが多くなりました。使用に関する実態調査によっても，日本の中小企業の大部分を占める売上高が1億円に達しない企業のほとんどは，中小指針を適用していないことが明らかになっていきました。

　以上のように，中小指針は，日本の中小企業のための初の統一的な基準でありながら，シングル・スタンダードの立場に起因する種々の問題により，結果的に実務に浸透するまでには至りませんでした。この状況に鑑み，まず日本商工会議所が平成21年12月に，「非上場の企業の実態に即した会計のあり方に関する研究会」からの報告書を公表し，**中小指針とは異なる新たな中小企業のための会計基準の必要性**を指摘しました。

　さらに，中小企業庁の中小企業政策審議会は平成23年12月に，「中間とりまとめ」を公表し，中小企業自らが勝ち残るための戦略的経営力を強化する方策を提示しました。同報告において提示された，戦略的経営力強化のための柱が，「**資金の確保・調達力**」と「**財務経営力**」だったのであり，そのためにも「中小企業自ら経営状況を把握し，金融機関への資金繰り等の説明を的確に行っていくこと」の重要性が強調されたのでした。以上の流れを受けて，**中小企業庁と金融庁は平成24年2月に合同で，ついに中小要領を公表**するに至りました。

　中小企業会計指針および中小企業会計要領が形成されていく歴史については，一覧表により確認してください。

中小企業会計の検討の経過

2002（平成14）年
　　3月　中小企業庁「中小企業の会計に関する研究会」を設置
　　6月　中小企業庁「中小企業の会計に関する研究会報告書」を公表
　　12月　日本税理士会連合会「中小企業会計基準」を公表

2003（平成15）年
　　6月　日本公認会計士協会「中小会社の会計のあり方に関する研究報告」を公表

2005（平成17）年
　　8月　日本公認会計士協会・日本税理士会連合会・日本商工会議所・企業会計基準委員会「中小企業の会計に関する指針」を公表

2010（平成22）年
　　2月　中小企業庁「中小企業の会計に関する研究会」を再開
　　3月　企業会計基準委員会等「非上場会社の会計基準に関する懇談会」を設置
　　8月　企業会計基準委員会等「非上場会社の会計基準に関する懇談会報告書」を公表
　　9月　中小企業庁「中小企業の会計に関する研究会中間報告書」を公表

2011（平成23）年
　　2月　中小企業庁・金融庁「中小企業の会計に関する検討会」を設置

2012（平成24）年
　　2月　「中小企業の会計に関する基本要領」を公表
　　3月　「中小企業の会計に関する検討会報告書」を公表

出所：『TKC会報』2012年6月号別冊　特別座談会「『中小企業の会計に関する基本要領』取りまとめの背景と意義」4頁

CHAPTER 12　中小企業のための会計基準

　ここまで見てきたように，日本の中小企業の会計基準には，拠って立つ考え方が異なる2つの基準があるわけです。2つの会計基準の住み分けについては，現在のところも議論が続いています。

　ただし，会計要領の「Ⅰ．総論　2．本要領の利用が想定される会社」によると，**会計要領の利用が想定される会社**としては，「金融商品取引法の規制の適用対象会社」および「会社法上の会計監査人設置会社」を除く株式会社が想定されると記されています。さらに，同条項の（注）において，「**中小指針**では，『とりわけ，**会計参与設置会社**が計算書類を作成する際には，本指針に拠ることが適当である。』」と記されています。

　ざっくりまとめると，金融商品取引法の対象となるような大企業はそもそも中小企業向けの会計基準ではなく，すでにある企業会計基準等が適用され，**中小企業の中でも会計参与設置会社には中小指針**が，**それ以外のすべての中小企業には中小要領**の適用が想定されるということになります。中小要領・中小指針を含んだ，日本の会計基準の全体像を，その想定される適用対象とともに次に示します。

171

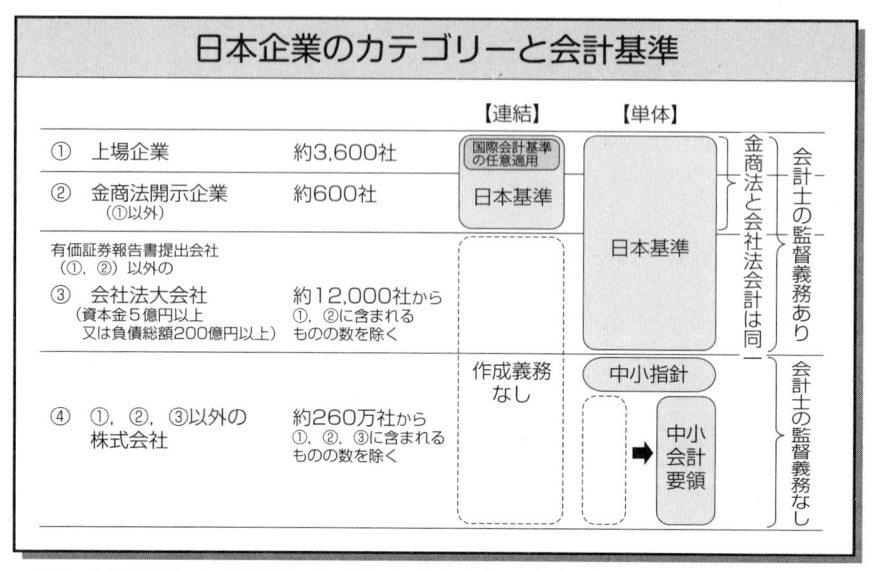

日本企業のカテゴリーと会計基準

			【連結】	【単体】		
①	上場企業	約3,600社	国際会計基準の任意適用	日本基準	金商法と会社法会計は同一	会計士の監督義務あり
②	金商法開示企業（①以外）	約600社	日本基準			
③	有価証券報告書提出会社（①,②）以外の 会社法大会社（資本金5億円以上又は負債総額200億円以上）	約12,000社から①,②に含まれるものの数を除く	作成義務なし			
④	①,②,③以外の株式会社	約260万社から①,②,③に含まれるものの数を除く		中小指針 → 中小会計要領		会計士の監督義務なし

出所：河﨑照行・万代勝信編著『詳解 中小会社の会計要領』中央経済社, 2012年, 27頁。

4．中小企業会計要領の特徴—中小企業会計指針との比較を中心に

　これまで見てきたように，中小要領は，中小指針の問題点の克服と，中小企業政策の転換に基づき新たに設定されたことになります。ここではまず，中小指針の根本的問題点，つまりはシングル・スタンダードの立場が，中小要領ではどのように変わったのかについて注目してみたいと思います。

　もともと，**中小指針**は，「取引の実態が同じなら企業規模に関係なく会計処理も同じになる」はずという**シングル・スタンダード**の考え方に基づいていました。そして，シングル・スタンダードの立場に立てば，企業規模とは関係なく，同一の取引については同一の会計処理が適用されるべきことになり，結果的に中小企業の会計においても「**一定の水準が保たれる**」はずだと期待されていたことになります。

これに対して，中小要領は，全く異なる立場に立っています。「Ⅰ．総論 1．目的(2)」において，「本要領は，計算書類等の開示先や経理体制等の観点から，『一定水準を保ったもの』とされている『中小企業の会計に関する指針』と比べて**簡便な会計処理**をすることが適当と考えられる中小企業を対象に，その実態に即した会計処理のあり方をまとめるべきであるとの意見を踏まえ」て定められたことが明記してあります。

 中小要領は，中小指針とは異なり，企業規模が小さくなれば，その実態に即した簡便な会計処理こそ適当であるという，ダブル・スタンダードの立場に立っていることになります。

 中小要領がダブル・スタンダードの立場に立ったことにより，国際会計基準との関係も，中小指針における考え方と大きく異なったものとなりました。中小要領では，「Ⅰ．総論　6．国際会計基準との関係」において，「**本要領は，安定的に継続利用可能なものとする観点から，国際会計基準の影響を受けないものとする。**」と言い切っています。中小要領では，中小指針とは異なり，ダブル・スタンダードの立場から，国際会計基準の影響を遮断したことになります。

 シングル・スタンダードとダブル・スタンダードとの違いは，国際会計基準との関係についてだけでなく，会計基準の作り方そのものの違いを生んでいきます。**中小指針**は，「会計は一つ」というシングル・スタンダードの立場に立ち，「取引の実態が同じなら企業規模に関係なく会計処理も同じになる」べきという，いわば**トップダウン**式の考え方により会計基準を作成しようとしてきました。

 これに対し，**中小要領**は，「**中小企業の多様な実態に配慮し**」，さらに「**中小企業の実務における会計慣行を十分考慮し**」た考え方に立って会計基準を作成

しようとしています。中小要領は，中小指針とは異なり，いわばボトムアップ式の考え方により作成されたことになります。

　中小要領がボトムアップ式の考え方に基づいていることが，中小指針の段階にはなかった，ある特徴を生むことになります。それを端的に示す文言が「Ⅰ．総論　1．目的(2)」にあります。中小要領がよって立つ考え方の一つに，「**中小企業の実務における会計慣行を十分考慮し，会計と税制の調和を図った上で，会社計算規則に準拠した会計**」という考え方があることが明記されています。

　中小指針の**作成方針**が，究極のところＩＦＲＳを頂点とした**トップダウン型**だったのに対し，**中小要領**の作成は，「**税制**」や「**会社計算規則**」といった「**実務における会計慣行**」に配慮したボトムアップ型で行われたことになります。

　税制を中心とした法制度と並び，中小要領が，中小企業の実務における会計慣行として注目ないし留意したものに**企業会計原則**があります。「Ⅰ．総論　9．本要領の利用上の留意事項」において，「本要領の利用にあたっては，上記1．～8.とともに以下の考え方にも留意する必要がある。」として，6つの考え方が示されています。

　この6つの考え方とは，①真実性の原則，②資本取引と損益取引の区分の原則，③明瞭性の原則，④保守主義の原則，⑤単一性の原則，⑥重要性の原則，を言います。これらの諸原則は，すべて企業会計原則の一般原則にあるものです。したがって**中小要領**は，税制との調和ばかりでなく，**企業会計原則への回帰**をも指向した中小企業の会計基準であると指摘することができるのです。

　以上のように，中小要領がダブル・スタンダード＆ボトムアップの考え方により作成されたことにより，シングル・スタンダード＆トップダウンの考え方

で作成された中小指針にはなかった，いくつかの特徴的な文言が中小要領に入りました。その1つに，「記帳の重要性」の指摘があります。「Ⅰ．総論　8．記帳の重要性」において，次のように述べられています。

　「本要領の利用にあたって，適切な記帳が前提とされている。経営者が自社の経営状況を適切に把握するために記帳が重要である。記帳は，すべての取引につき，正規の簿記の原則に従って行い，適時に，整然かつ明瞭に，正確かつ網羅的に会計帳簿を作成しなければならない。」

　上記「記帳の重要性」の文言の中で，特に重要なのは，「**適時に**」という箇所です。これは，決算期や納税申告期に一気にまとめて記帳してはダメですよ，取引が生じた都度，面倒くさがらずに記帳してください，と中小要領では要請していることになります。

　「なんだ，そんなことあたりまえじゃないか」と思うかもしれません。しかしながら，それは経理部があり，そこに一定のマン・パワーを配分できるだけの余裕のある大企業ならそうかもしれませんが，中小企業ではどうでしょう。中小企業の中には，すべての取引につき適時の記帳を行うことが困難なところもあるでしょう。

　それでも，と中小要領は訴えかけているのです。それでも，「**経営者が自社の経営状況を適切に把握するために記帳が重要である**」し，そもそも**会計要領の利用にあたっては**，「**適切な記帳が前提とされている**」のです。中小要領は，総論の中にわざわざ1つの章を設けてまで，**適時・適切な記帳の重要性**を強調したのです。

　中小要領の総論に「**記帳の重要性**」が入ったのは，画期的なことだったと考えられます。詳しくは後に一表で示しますが，中小要領では，税効果会計やデ

PART 3 特　　論

リバティブに対する処理規定がないように，大企業に比べて「簡便」な会計処理をすることを認めています。しかしながら，記帳そのものまで簡便にすませてよいとは言っていません。それどころか，**中小企業内部における適時・適切な記帳こそ，中小要領の利用にあたっての大前提**だとまで言っているのです。

「企業内部の記帳の重要性」の指摘は，「企業外部の利用者」に対し「役に立つ情報を提供すること」を第一目的として作成されたIFRS等の大企業向けの会計基準と**大きく異なる**ところです。中小要領では，「**中小企業の経営者が活用しようと思えるよう，理解しやすく，自社の経営状況の把握に役立つ会計**」（「１．目的(2)」）のために，適時・適切な記帳が重要であると強調しているのです。

既述のように，中小要領は，中小指針と比べ，その作成にあたっての考え方が大きく異なります。その中でも，「記帳の重要性」の指摘の中にもあったように，**中小要領の第一の対象者は，IFRSが対象としていたような外部利用者ではなく，経営者を中心とした企業内部者**であったことになります。

ただし，中小要領は，経営者にとって役に立つ会計という考え方だけでなく，「**中小企業の利害関係者（金融機関，取引先，株主等）への情報提供に資する会計**」（「１．目的(2)」）という考え方にも立っていました。外部の利用者のことを全く考えていないわけではなかったのです。

ここで注意を要するのは，利害関係者の最初にあげられているのが，「金融機関」ということです。これは，中小企業の資金調達の実態として，直接金融ではなく間接金融，つまり株式発行よりも銀行融資が主であるという現実認識からのものだと考えられます。

中小要領の特徴を指摘する本節の最後に，中小要領の最も重要な部分である，「Ⅰ．総論　１．目的」の全文を次に示したいと思います。ここでは，文章末

尾に示されている，中小要領の作成にあたり拠って立っていた４つの考え方に注目してください。

Ⅰ．総論

１．目的

(1) 「中小企業の会計に関する基本要領」（以下「本要領」という。）は，中小企業の多様な実態に配慮し，その成長に資するため，中小企業が会社法上の計算書類等を作成する際に，参照するための会計処理や注記等を示すものである。

(2) 本要領は，計算書類等の開示先や経理体制等の観点から，「一定の水準を保ったもの」とされている「中小企業の会計に関する指針」（以下「中小指針」という。）と比べて簡便な会計処理をすることが適当と考えられる中小企業を対象に，その実態に即した会計処理のあり方を取りまとめるべきとの意見を踏まえ，以下の考えに立って作成されたものである。

・中小企業の経営者が活用しようと思えるよう，理解しやすく，自社の経営状況の把握に役立つ会計
・中小企業の利害関係者（金融機関，取引先，株主等）への情報提供に資する会計
・中小企業の実務における会計慣行を十分考慮し，会計と税務の調和を図った上で，会社計算規則に準拠した会計
・計算書類等の作成負担は最小限に留め，中小企業に過重な負担を課さない会計

５．中小企業会計要領と中小企業会計指針との異同—各論について

中小要領と中小指針との各論の異同については，少し細かくなるので，以下の一覧表を参照してください。

指針と要綱の具体

項　目	指　針
金銭債権	B／S価額は取得価額。それと債権金額とが異なる場合に，その差額の性格が金利の調整と認められるときは，償却原価法を適用する。ただし，差額の重要性が乏しい場合は取得価額でよい。
デリバティブ	時価をもってB／S価額とし，評価差額は当期の損益とする。ヘッジ目的のデリバティブはヘッジ関係が有効であれば，損益の繰延ができる。
有価証券	売買目的有価証券以外には原価法を適用。ただし，市場価格のあるその他有価証券を多額に保有している場合には，時価評価し，差額は純資産直入（全部・部分）。なお，満期保有目的の債券は，原則として取得価額であるが，取得価額と債券金額の差額が金利の調整と認められるときは償却原価法による。
棚卸資産	評価基準は低価法のみ。
固定資産	減価償却は毎期継続して規則償却。ただし，法人税法の規定による償却限度額をもって償却額とすることができる。減損会計を資産の使用状況に大幅な変更があった場合に適用する。
金銭債務	B／S価額は債務額，払込みを受けた金額が債務額と異なる社債の場合には，償却原価法を適用する。
税金費用・税金債務	法人税，住民税及び事業税は，発生基準により計上し，その未納額は，相当額を流動負債に計上する。消費税等は原則として税抜方式による。
税効果会計	税効果会計を適用するが，一時差異の金額に重要性がない場合には，繰延税金資産・負債は計上しないことができる。
リース取引	所有権移転外ファイナンス・リース取引は原則として売買処理する。ただし，未経過リース料の注記を要件に賃貸借処理も容認される。
外貨建取引等	外貨建取引は，原則として発生時の為替相場により，外国通貨，外貨建金銭債権債務（外貨預金を含む），外貨建有価証券（子会社株式及び関連会社株式を除く）は，決算時の為替相場により換算する。ただし，長期（1年以上）の外貨建金銭債権債務について重要性がない場合，取得時の為替相場により換算することができる。なお，子会社株式及び関連会社株式は，取得時の為替相場により換算する。 ヘッジ会計（振当処理を含む）が適用できる。

出所：佐藤信彦「中小企業会計基本要領と中小指針との異同点とその関係」『ZEIKEN-

的内容の異同点

要　　領
Ｂ／Ｓ価額は，原則として取得価額。それと債権金額とが異なる場合には，償却原価法の適用を容認している。
（言及なし）
売買目的有価証券以外には原価法を適用。売買目的有価証券は，時価評価し，評価差額は当期の損益とする（満期保有目的の債券に関する償却原価法の適用に関する記述がない）。
評価基準は原価法または低価法を選択適用できる。
相当の減価償却を実施する。災害等による著しい資産価値の下落に対して評価損を計上する。
Ｂ／Ｓ価額は，原則として債務額，それと発行額が異なる社債の場合には，償却原価法の適用を容認。
（言及なし）
（言及なし）
賃貸借処理または売買処理の選択適用が可能。
外貨建金銭債権債務は，取得時の為替相場又は決算時の為替相場により換算する。 （外国通貨，外貨建有価証券については言及なし） （ヘッジ会計についても，言及なし）

2012.5（No.163）』34－35頁。

ポイントは，中小指針に比べて，**中小要領は各会計処理方法が「簡便」**になっている傾向が見受けられる点です。例えば，金銭債権のうち社債等については，中小指針では償却原価法の適用が強制ですが，中小要領では任意となっています。

6．残された課題──中小企業の会計基準に期待されるもの

日本の中小企業会計基準には，現状では中小要領と中小指針の2つがあり，既述のように一応の住み分け想定案も考えられてはいます。しかしながら，両基準の位置づけについては，完全には決着がついてはいません。

両基準の関係については，上下関係があるのか，あるいは並列関係なのか，並列関係だとするとその選択は企業の自由なのか，それとも規模等で形式的に決まるのか，等々の問題が依然としてあります。

さらに，どちらの基準を選択したとしても，税法規定との乖離・バッティングがある場合の対処という難題も依然残されています。

現在，IFRS等の大企業向けの会計基準は，その基本的な考え方において，会計情報の「信頼性」を向上させるより，**「目的適合性」という外部利用者の投資目的に役に立つ情報を提供**することの方に重心をかけつつあります。

しかしながら，特に中小要領は，「記帳の重要性」という項目をその総論にわざわざ設けることにより，**中小企業の計算書類の信頼性**は，企業内部の記帳によってこそ担保されることを基準の上で謳っています。既述のように，このこと自体は画期的なことです。ですが，実務の上で，記帳をちゃんとやっていますよ，ということをどうやって担保・証明するのか。難しい問題も別に出てきたことになります。

中小要領作成にあたり拠って立つ考え方の第一は，**「中小企業の経営者が活用しようと思えるよう，理解しやすく，自社の経営状況の把握に役立つ会計」**であることを忘れてはなりません。

　自分の会社が本当に儲かっているのかどうか，これを中小企業経営者自らが把握し，銀行融資の審査等において役立てる。このようなことを可能にすることが，中小企業の会計基準に期待されるものと考えられます。

PART 4

税理士と税理士業界

CHAPTER 13　税理士はどのような仕事をするのか
CHAPTER 14　税理士業界の現状と課題
CHAPER 15　税理士資格の取得と開業

CHAPTER 13

税理士はどのような仕事をするのか

1　税理士は「正しい税金を支払う（申告納税）ときの代理人」
2　資格試験
3　こんなときは税理士に相談しよう
4　相談した人の秘密は守られます（守秘義務）

PART 4　税理士と税理士業界

　日本には，**7万人を超える税理士**がいます。税理士法によって，2名以上の税理士を社員として**税理士法人**を設立することもできます（1550ほどの法人があります）。仕事の内容は，個人としての税理士も税理士法人も同じですから，以下，両者を区別せずに，税理士の資格と仕事を紹介します。

　税理士法では，「税理士は，他人の求めに応じ，租税に関し，次に掲げる事務を行うことを業とする」として，**税務代理，税務書類の作成，税務相談**の3つの業務を掲げています（税理士法第2条第1項）。この3つが，税理士の本来業務で，税理士の資格を持たない者は，この業務を行うことはできません。

　また，同法は，「税理士の名称を用いて，他人の求めに応じ，税理士業務に付随して，財務書類の作成，会計帳簿の記帳の代行その他財務に関する事務を業として行うことができる」（同第2項）と規定しています。これが**付随業務**と呼ばれています。この業務も「税理士の名称を用いて」行うものですから，税理士の資格がない者にはできません。

　税理士の仕事は，上の業務だけではなく，その専門知識を生かした広範囲な領域にわたっています。以下では，広く税理士が行っている仕事を，できるだけ具体的に紹介します。

1　税理士は「正しい税金を支払う（申告納税）ときの代理人」

　日本では，所得税，法人税，消費税，都道府県民税・市町村民税などは，自分で自分の税金を計算して，それに基づいて税金を納める制度が取られています。これを「**申告納税制度**」といいます。

CHAPTER 13　税理士はどのような仕事をするのか

　ところが，税金に関する法律は，複雑であったり膨大であったり，一般の市民（納税者）にはなかなかわかりにくいものです。そこで，納税者が税金の申告をしたり実際に納税するときに，税に関する専門知識を持った有資格者として，そのお手伝いをするのが「税理士」です。

　税理士の業務は，誰でもできるわけではありません。税理士は，弁護士，公認会計士，医師，看護士などと同じように，国家試験に合格することによって資格を取得します。その資格がないと，税理士としての業務はできません。

2　資 格 試 験

　税理士になるには，税理士試験という国家試験で，会計学（財務諸表論と簿記論が必須）と税法（法人税法，所得税法，消費税法などから3科目以上）の試験に合格し，さらに，会計事務所等での実務経験を経て，税理士として登録することが認められます。

　税理士になるルートは，他にも，公認会計士試験や司法試験に合格，税務署等で国税等に関する実務に長年携わってきた経験がある，大学院で会計学や税法の研究で修士号を取得した……といったルートがあります。

　詳しいことは，この後の「税理士資格の取得と開業」を読んでください。

●資格を取ればできること
　税理士の資格を取って，各地の税理士会に登録を済ませますと，税理士にしかできない仕事，税理士ならできる仕事がいろいろ待っています。

●税務代理

納税者に代わって，確定申告，青色申告の承認申請，税務署の更正・決定などに不服がある場合の申し立て，税務調査のときの立ち会いなどを行います。

●税務書類の作成

納税者に代わって，確定申告書，青色申告承認申請書，その他税務署などに提出する書類を作成します。

●会計業務・記帳代行業務

税理士業務の付随業務として，財務書類の作成，会計帳簿の記帳代行，その他の財務関係業務を行っています。

●会計参与

中小会社が作成する計算書類の信頼性を高めるために，会計参与制度ができました。会計参与になれるのは，税理士，税理士法人，公認会計士，監査法人だけです。会計参与制度はスタートしたばかりですが，今後，中小会社の会計・決算を質的に高めるものとして期待されています。

●経営助言業務

税理士は，税の業務や相談だけではなく，**経営に関する助言**（コンサルティング）を行っています。主に，経営計画，財務，資産運用，マーケティング（販売），相続などの相談を受け，助言業務を行っています。

●補佐人業務

税理士は，租税訴訟等において，納税者の正当な権利，利益の救済を援助するために，補佐人として，弁護士（訴訟代理人）とともに裁判所に出頭し，陳述することもあります（税理士法第2条の2，第48条の6）。

CHAPTER 13　税理士はどのような仕事をするのか

●社会保険労務士業務

　税理士業務に付随して，社会保険労務士業務を行っている税理士もいます。社労士の登録をして本来業務として行っている人もいますが，開業している税理士の30人に1人が，付随業務として社労士業務を行っています。

3　こんなときは税理士に相談しよう

　日本税理士会連合会の編集による『やさしい税金教室』には，次のような場合には，税理士に相談するように勧めています。

・事業を始めたい，会社を設立したい……・
・個人事業を法人にしたい……
・帳簿のつけ方が分からない……
・今まで自分で確定申告をしてきたが，どうも難しくて……
・株式を売却して損が出たが……
・不動産を買い換えたい……
・マイホームを手に入れた……
・子供に住宅資金を出してやりたいが……
・そろそろ相続対策を検討しなければ……
・親族が亡くなったが相続税はどうなるのだろうか……
・離婚で財産分与をするのだが……
・消費税の納税義務があるかどうか分からない……

4　相談した人の秘密は守られます（守秘義務）

　税理士にいろいろな相談をしたいけど，あまり他人には知られたくない身内のことや経営のこともあります。親族が亡くなって相続争いが起きたとか，離婚して財産をどう分けたらいいのか分からないとか，家族や従業員には聞かせられない財産や経営のこととか，秘密にしておきたいことはいくらでもあります。

　でも，安心してください。税理士は，仕事の上で知った秘密を他に漏らしてはならないという，法律上の義務（**守秘義務**）があります。この義務は，税理士をやめた後も，同じです（税理士法第38条）。

　以上，税理士の仕事を詳しく紹介してきました。巻末に，各地の税理士会の住所・電話番号などが紹介されています。また，日本税理士会連合会のホームページには，税理士と税理士法人の情報を掲載した「税理士情報検索サイト（https://www.zeirishikennsaku.jp/）があります。そこには，氏名・名称，事務所所在地，電話番号などの公開情報と，任意公開情報として，性別，生年，事務所のＦＡＸ番号・メールアドレス・ホームページアドレス，事務所の主要取扱業務および業種などが公開されています。

　皆さんが税に関して相談したいことがありましたら，まず，税理士会か，身近な税理士・税理士法人の事務所に電話してみてください。

CHAPTER 14

税理士業界の現状と課題

1　税理士の平均年齢
2　高齢化した原因
3　税理士は準国家公務員
4　20年後の税理士像—稼ぐ税理士と喰えない税理士
5　税理士の収入はどれくらいか
6　稼ぐ税理士の武器—経営分析とコンサル力
7　コンサルは難しくない
8　コンサルの極意—2つの視点で考える

1 税理士の平均年齢

いま私たちの手もとに，日本税理士会連合会（全国の税理士が加入する団体。税理士法の下に設立）が発行した『第5回 税理士実態調査報告書』（以下，報告書という）があります。全国の税理士6万7千名全員を対象とした調査（2004年）です（有効回答は3万名弱，43.9％。この数値はアンケート調査への回答としては非常に高い数値なので，以下のデータは極めて信頼性が高いといえます）。

まず最初に注目したいのは，税理士の年齢構成です。驚くなかれ，60歳以上の税理士が60％を超えているのです（全国平均）。税理士としての経験を積んで，いま脂ののりきっているはずの40代，50代の税理士は3人に1人（33％）しかいないのです。この業界の双肩を担うべき20代，30代は6％に満たず，80代の人数に及ばないのです。

（表1） 開業税理士の年齢構成（回答数 24,229名）

20代	30代	40代	50代	60代	70代	80代
69人	1,340人	3,103人	4,974人	5,113人	7,990人	1,462人
0.3％	5.5％	12.8％	20.5％	21.1％	33.3％	6.0％

開業税理士の過半は60歳以上（60％）というデータを見て，皆さんは何を感じるでしょうか。高齢の税理士が，果たして毎年の税法の改正や世間の流れ（技術革新，産業の変化，情報化など）にちゃんと着いていけるのか不安があります。

還暦や古希を過ぎた高齢・後期高齢の税理士諸氏が税法の改正や世間の動きをフォローし続けることは，かなり困難です。事務所の所員に若い税理士試験受験者がいたり，資格を持たないが最新の知識を持っている者がいるから大丈

夫だという税理士もいるでしょう。それはおかしな話だと思います。野球でセカンドを守っている高齢な選手が，「自分のほうに玉が飛んできても，センターかショートが取ってくれるから大丈夫」というような話ではないでしょうか。「**知識がある**」ということと「**資格がある**」ということは**別**なのです。「資格を持つ」「資格を維持・継続」する人は，それにふさわしい学習が欠かせないのです。

2 高齢化した原因

ところで，**税理士業界が高齢者業界になった原因**は何でしょうか。また，税理士の高齢化はいかなる問題をはらんでいるのでしょうか。この問題は税理士業界や課税当局（国税庁），もっと大きく，日本という国家にとって大きな問題です。

まず，税理士が高齢化した原因を考えてみましょう。まず頭に浮かぶのは，試験が難しいということでしょう。会計科目の簿記論と財務諸表論が必修で，税法科目は3科目の合格（そのうち，法人税法か所得税法に合格することが必須）が必要です。現役でばりばり仕事をしている若い税理士に，改めて試験を受けてもらったらどうでしょうか。100人受けても一人も合格しないと思います。今の試験は実務とは無関係な上に，必要以上に難しいからです。

3 税理士は準国家公務員

若い人材が税理士業界に入ってこなくなった原因は，他にもあります。その1つは，**税理士業界の閉鎖性**です。監査法人と違って税理士事務所には有資格者は1人いればよいのです。監査法人は，監査に従事した有資格者の数だけ顧

問先に監査料を請求できますが，税理士事務所ではハンコを押せる有資格者は1人いれば足りるのです。1人でできるとなれば，あとから業界に入ってくる人たちは少ないほうが自分のパイは大きくなると考えるのは当然です。

しかし，この業界に若い人材が入ってこないと業界のパワーが落ちるだけではなく，公認会計士との競争に勝てなくなるのです。もっと大きな問題は，国の税収を十分に確保することが困難になりかねないことです。特に中小企業の場合，経営者は自分の会社の経営で目いっぱいで，税金のことまで頭が回りません。

もしも税理士がいなかったら，収めるべき税金がいくらになるのかもわからないし，そうなると税金を収めないかもしれないのです。国中に税金を納めない経営者が増えても，税務署の職員の数が限られているので，督促にも行けないでしょう。督促に行ったところで，経営者が帳簿をちゃんとつけていなければ督促する税金の額が分からないでしょう。

国の収入（歳入。平成23年度で50.4兆円）のうち税収が81％の40.9兆円，歳入の53％が法人税，所得税，消費税です。中小企業では，税理士がいて初めてこれらの税金を納めると言ってもよいでしょう。その意味では，税理士は国家財政を支える租税の確保を担う「**準国家公務員**」なのです。この業界に若い人材が入ってこなければ，国家の財政に大きな支障をもたらしかねないのです。

4　20年後の税理士像―稼ぐ税理士と喰えない税理士

「勝ち組」「負け組」という言葉は好きではないですが，今の世の中をみると明かに仕事と収入の面で2極化あるいは格差が進んでいます。これは税理士の世界にも当てはまることです。「税理士は堅い商売」「資格を取れば安定した仕

事と収入が確約されている」と考えられたのは，昔の話です。いまでは安価な会計ソフトが出回り，会計計算や会計処理はパソコンさえあれば誰でもできるようになりました（そうしたことは，今ではパソコンがやってくれるのです）。

いまや税理士に求められるものが変わってきたのです。毎月の領収書を整理して，記帳を代行するだけという事務所は，間違いなく，コンピューター系の会社に仕事をさらわれるでしょう。いままで月の顧問料として3万円とか5万円を「**銀行振り込み**」で受け取っていた会計事務所などは，「月に1万円で引き受けます」「領収書や必要な書類をFAXで送ってくれるなら，月に5千円で大丈夫です」「毎月の顧問料は要りません」というコンピューター系の会計処理会社に，金額面で対抗できるわけがありません。

ではどうするか，です。あきらめることはないし，それ以上に，こうした状況のときには大きなビジネス・チャンスがあると考えたいですね。**コンピューター系の会計処理会社ではできない仕事**があるのです。それを後で紹介します。

5　税理士の収入はどれくらいか

税理士の収入が高いかどうかは，誰かと比較しての問題です。アメリカの大統領と日本の総理大臣はほぼ給与が同じと聞いたら，皆さんは何と思うでしょうか。アメリカの大統領も日本の総理大臣も，年額で4千万円程度です。意外に安月給取りだともいえるでしょう。外資なら，30歳で1億円もらっている金融マンはごまんといます。公認会計士でも外資系の事務所に勤務している方で億円の給与をもらっている方は少なくないと聞いています。日本は，総理大臣でさえ年間4,100万円，上場会社の社長でも平均3千万円ですから，億で稼ぐのは特殊な資格・能力を持った者に限られるようです。

PART 4　税理士と税理士業界

　では，税理士はどれくらい稼ぐのでしょうか。ここで，勘違いしないように，「**税理士業務による収入**」と税理士の「**総所得**」の違いを説明しておきます。「税理士業務による収入」は，顧客（税理士界や会計士界では，顧問先とかクライアントと呼ぶ）から受け取る代金のことで，事業会社でいえば「売上高」に相当する額です。これから事務職員の給料や事務所の経費を差し引いて，会計事務所所長としての収入（給与に相当）が「税理士の総所得」です。

　大雑把にいって，「**税理士業務による（事務所の）収入」の３割**が，**所長（税理士）の所得**になるといわれています。事務所の収入（売上高）が１億円なら，税理士個人の懐に入るのが３千万円ということです。

　では，税理士は，皆さん３千万円くらいは稼いでいるのでしょうか。「報告書」によれば，業務収入（売上高）の平均は2,690万円ですが，最多収入金額帯は，なんと，500万円未満（26.1％）です（表２）。事務所収入の３割が税理士の個人所得になるということからすると，事務所の収入が500万円なら，税理士の所得は150万円となります。これでは，普通に大学生活を送って就職した友人（きっと，初任給が18万円，ボーナス５か月で，年収300万円）に勝てないでしょう。何のために，必死になって勉強して，あるいは，多額の授業料を払って大学院にいき，税理士の資格を取ったのか分からなくなります。

（表２）　税理士の業務収入（回答数　24,229名）

500万円未満	500万円以上	1,000万円以上	2,000万円以上	3,000万円以上	4,000万円以上	5,000万円以上	1億円以上	2億円以上
6,314名	3,277名	4,083名	2,811名	1,868名	1,382名	1,492名	1,847名	119名
26.1％	13.5％	16.9％	11.6％	7.7％	5.7％	6.2％	7.6％	0.5％

　税理士の所得としては，税理士業務による所得のほか，他の資格（例えば，社会保険労務士）の業務収入，給与所得などがありますが，これらをまとめて「総所得」としたとき，税理士はいくらくらい稼いでいるでしょうか。「報告

書」によれば，4人に1人は300万円未満です（表3）。一応の生活ができる水準が500万円としたら4割の税理士が水準に達していないのです。反面，1,500万円以上の税理士が7人に1人（15.5％）います。要するに，富が偏在しているのです。「報告書」では年齢と所得の関係を調べていませんが，高齢者が高額所得者であることは想像に難くありません。

（表3） 税理士の総所得（回答数 24,229名）

300万円未満	300万円以上	500万円以上	700万円以上	1,000万円以上	1,500万円以上	2,000万円以上	3,000万円以上
5,805名	3,680名	3,365名	3,439名	3,107名	1,685名	1,224名	803名
24％	15.2％	13.9％	14.2％	12.8％	7.0％	5.1％	3.4％

しかし，これから税理士になろうと考えている皆さん，決して悲観することはないのです。現在の平均年齢が60歳ということは，現在稼いでいる税理士は20年後には間違いなくリタイアしています。税理士業界のパイは，これから税理士になる皆さんの前に残されるのです。そうはいっても，この大きなパイに参加できるのは，限られた税理士です。では，それはどんな税理士でしょうか。

6 稼ぐ税理士の武器―経営分析とコンサル力

これまで税理士の業務といえば，税務に関するものが中心でした。しかし，これからの税理士は税の専門家である必要はありません。そう言うと驚かれるかもしれませんが，一人の人間がすべての税の知識を身につける必要などないのです。これからは税理士もネットワークを構築して，地域ごとに，専門の職種ごとに，効率的に業務を行う時代です。それぞれが専門領域，得意分野を持っていれば，あとは税については最低限の知識があればよいのです。

PART 4　税理士と税理士業界

　稼げる税理士になる条件は税の知識を増やすことではなく，**経営分析，コンサルティングができること**です。たんなる税務や会計処理ならば素人でも操作できる会計ソフトがたくさん出てきました。事務的な作業は海外の安い事務所にアウトソーシングする企業も出てきました。これからの税理士がやらなければならないこと・求められていることは，「事務的な作業」とか「機械化できる作業」ではないのです。

　「経営分析」などというと，たくさんの公式やら比率やらを使って，なんとか利益率が１パーセント上がっただの下がっただの，なんとか回転率が業界平均を下回っているとか，たくさんの計算式や図表を見せて経営の現状を知らせることだ，と考えるのは間違いです。それは，社長を惑わすだけです。店の実態は，経営者が肌で知っています。一日中店にいるのですから。

　近くに大型スーパーができて客足が遠のいたとか，景気の悪化で高額商品が売れなくなってきたとか，春が近づいてきたのに冬物商品の在庫が捌けない，来月の資金繰りは厳しくなる……そうしたことは，税理士から言われるまでもなく経営者は熟知しています。経営者が一番知りたいのは，こういうとき，どうしたら苦境から脱出できるか，どうしたら売上を伸ばせるか，であろうと思います。「**中小企業のドクター**」を任ずる税理士の力の見せ所は，ここにあるのではないでしょうか。

　中小企業の診断には，少しの**経営分析の知識**があれば十分です。経営分析では，企業が抱える問題を発見することはできますが，その問題を解決することはできません。売上が落ちたかどうか，どの商品・地域・店・時期の売上が落ちたかは，会計データを分析すればすぐにわかることです。しかし，なぜ特定の店・地域・商品の売上が落ちたのかは，会計データは語ってくれないのです。

しかし，問題を発見できれば，社長と一緒に解決策を考えることができます。データを読むこともできなければ，問題の発見すらできないでしょう。

(表4) 経営助言業務の内容

回答数	経営全般件数	%	財務件数	%	販売件数	%	労務件数	%	その他件数	%
14,926	7,870	52.7%	5,110	34.2%	361	2.4%	1,395	9.3%	190	1.3%

7 コンサルは難しくない

アドバイスとかコンサルティングというと財務分析などの非常に難しいテクニックが必要だと感じるかもしれませんが，そうではありません。以下に紹介するように，**税理士は経営者の目線と顧客・消費者の目線**という2つを常に意識していれば，**顧問先の社長のよき相談相手**になれるのです。

中小企業の社長は孤独です。人知れず悩みを抱え，相談する相手も限られています。経営者からすると，税理士は唯一，さまざまな相談ができる身近な先生なのです。社長が「先生！」と呼んで相談することができるのは，税理士しかいません。従業員の確保や定着で悩んでいる社長もたくさんいます。これからの税理士には，**資金繰り**や**資金調達**のアドバイスや**マーケティング**のアドバイス，**労務管理**から**採用人事**といった経営全般のアドバイスが求められるでしょう。いや，恐れることはありません。ただ社長の悩みを聞いてやるだけでも，社長は十分に満足するはずです。

ご存じとは思いますが，「コンサルタントという資格」はありません。食べていけるかどうかは別にして，明日からコンサルタントという肩書を名刺に

刷っても，誰も文句は言いません。資格がないのですから，極端な話，コンサルは誰にでもできます。企業の「資本利益率」だの「総資産回転率」だの「売上高経常利益率」は，誰でも計算できます。会計ソフトを使っている会社なら，日々の取引データを入力するだけで即座に計算してくれます。こうしたデータをそのまま社長に話しても，「そうか，うちはダメなのか」で終わってしまうでしょう。そうでなければ，「うちの税理士の先生は訳の分からないことばかりぐずぐず言って金ばっかり取っている」ということになりかねません。

そうではなく，**数値（比率や金額）を一切使わずに，具体的で分かりやすいアドバイスをする**……これが，中小企業の経営者が求めているコンサルの秘訣です。

8 コンサルの極意―2つの視点で考える

コンサルを難しく考えることはありません。**コンサルの極意は，経営者の視点に立って考えることと，消費者の視点に立って考えること**，この2つです。大それたことを提案するとか，飛躍的に売る上げが伸びるアイデアを出す……そんなことではないのです。ちょっと気をつけていれば，誰にでもできる，税理士でなくてもできることです。ただし，普通の人には顧問先・関与先などはないので，どんなにいいアイデアがあろうとコンサルする相手がいません。その点，税理士には，コンサルをする相手，関与先の社長がいるのです。

例えば，自分の関与先がある商店街を歩くとしましょう。関与先にたどり着くまでに，何軒もの店の前を通るでしょう。関与先まで急ぎ足でいくのではなく，「この店の看板は目立たないな」「自分が経営者なら，この店はもう少し照明を明るくするな」「入り口に商品が山積みになっていてお客さんが入りずらそうだ」「この店は雰囲気がいいけど，客が入っていないのはなぜだろうか」

など，1軒ずつ店をチェックしていくのです。

　関与先の店に着いて社長との用件が終わったら，お茶飲み話に，いま見てきた店の話をしてみるとよいでしょう。それも，自分の関与先にとって参考となる話であればなおよいでしょう。「角のコンビニ，店員さんが若くてきびきびして気持ちいいね」（「社長の店も，店員がきびきび動いてくれるとよくなるのに」），「あの酒屋さんは，お客さんが買ったビールを駐車場まで運んであげてたね」（「社長も，客の身になって，『雨の日には傘を貸す』，『重いものは配達する』というのはいかがですか」），といった話です。傘を貸せば，返しに来るときにも買い物をしてくれるし，自宅まで配達したときは，次回も配達しますというサービスで顧客をリピーターにすることができます。何も特別なことではないのです。**客の立場になって考えればよいだけです。**

　税理士としてスタートを切った皆さんやこれから税理士資格を取って活躍しようとしている皆さんにとって，参考になれば幸いです。

CHAPTER 15

税理士資格の取得と開業

1 税理士資格の取得方法について
2 税理士試験受験資格
3 税理士試験免除制度
4 税理士試験の難易度
5 税理士登録
6 税理士の選択肢
7 税理士の業務
8 税理士事務所の開業

PART 4　税理士と税理士業界

　本書で解説してきた，租税に関する事務について，唯一の国家資格である税理士資格とは，いったいどのようにすれば取得できるのでしょうか。税理士資格を取得した後，どのようなことを行うのでしょうか。

　皆さんの周りに目にする「○○会計事務所」の所長さんはどのようにして「税理士」になったのか，簡単に説明します。

1　税理士資格の取得方法について

　税理士になるためには，税理士試験に合格する必要があります。
　税理士試験は下記の表のとおり全部で11科目あり，そのうち必須科目を含め，5科目合格すると，税理士資格を取得することができます。

試験科目	備考
会　計　科　目	
①　簿　記　論	必須科目
②　財務諸表論	
税　法　科　目	
③　所　得　税　法	いずれか1科目は**必須科目**
④　法　人　税　法	
⑤　相　続　税　法	
⑥　消　費　税　法	いずれか1科目しか選択できません。
⑦　酒　税　法	
⑧　国税徴収法	
⑨　住　民　税	いずれか1科目しか選択できません。
⑩　事　業　税	
⑪　固定資産税	

2　税理士試験受験資格

　税理士試験には受験資格があり，学識，資格，職歴といった様々な分野の受験資格を定めており，いずれか1つの要件を満たせば，受験資格があります。下記は主要な例ですので，自分に受験資格があるかどうかについては，国税庁のホームページを確認してください。

国税庁ＨＰ：http://www.nta.go.jp/sonota/zeirishi/zeirishishiken/qa/qa03.htm

受験資格参考例		
(1)	学識による受験資格	①　大学又は短大の卒業者で，法律学又は経済学を1科目以上履修した者 ②　大学3年次以上で，法律学又は経済学を1科目以上含む62単位以上を取得した者 ③　一定の専修学校の専門課程を修了した者で，法律学又は経済学を1科目以上履修した者 ④　司法試験合格者 ⑤　公認会計士試験の短答式試験に合格した者
(2)	資格による受験資格	①　日商簿記検定1級合格者 ②　全経簿記検定上級合格者
(3)	職歴による受験資格	①　法人又は事業が行う個人の会計に関する事務に3年以上従事した者 ②　銀行，信託会社，保険会社等において，資金の貸付け・運用に関する事務に3年以上従事した者 ③　税理士・弁護士・公認会計士等の業務の補助事務に3年以上従事した者

3 税理士試験免除制度

税理士試験については、試験の免除を受ける方法もあります。

「大学院に進学し、修士号又は博士号を取得する」、「公認会計士試験に合格する」、「大学教授として会計や税務に関する研究を行う」、「税務経歴（税務署OBなど）」に応じて、税理士試験を受験しなくとも一部又は全部の科目を免除することが可能になります。詳しくは、国税庁のホームページから確認してください。

国税庁HP：http://www.nta.go.jp/sonota/zeirishi/zeirishishiken/zeirishi.htm

4 税理士試験の難易度

税理士試験は、経済系の国家資格では難易度の高い試験といえます。平均で13～15％程度の合格率となっています。科目ごとに難易度も異なり、会計科目については比較的高い合格率となっていますが、必須科目である所得税法、法人税法、ボリュームの大きい相続税法などは合格率が低い傾向にあります。近年は徐々に全体の合格率が平準化されつつありますが、少し前であれば10％を下回る科目もありました。

また、税理士試験は年1回8月の初めごろの3日間しかありません。そのため、一度不合格となるとまた次の年に受験し直すこととなり、根気のいる試験でもあります。

その代わり、税理士試験は、科目ごとに合否が判定され、一度合格した科目はストックされます。ですから、毎年根気よく1科目ずつ合格すれば5年後には税理士資格が取得できます。一度取得してしまえば更新するための試験や受

講をしなければならないセミナーなどもありません。税法は毎年変わるので，一度資格を取得したら，生涯一度も研修も再試験もないというのは，それはそれなりに問題もありますが。

5 税理士登録

晴れて5科目の税理士試験に合格し，「今日から税理士だ！」とは，残念ながらそうはいきません。「税理士」として登録するには**2年以上の経理実務経験**が必要となります。税理士事務所や税理士法人に勤務し，その事務所の所長さんから「2年以上実務経験がある」と認めてもらえない限り，「税理士」として登録することはできません。最低でも2年間は修行を積む必要があるということです。

6 税理士の選択肢

やっと2年間の修行を終え，晴れて税理士登録ができることになりました。税理士には，3つの税理士登録があります。

1．開業税理士

皆さんの近所にある「〇〇税理士事務所」や「△△会計事務所」のような看板を掲げている個人事務所の所長さんとして税理士登録をした方々は，「開業税理士」といいます。所長1人でも事務所を設置することができます。

試験に合格し，2年以上の実務経験があれば，開業税理士として登録することができますが，まずはどこかの会計事務所に5年〜10年くらい勤務し，実力をつけてから開業する人が一般的です。

PART 4　税理士と税理士業界

　事務所を開く（開業）といいましても，自宅を事務所として構えることもできますし，最近では，オフィス・ビルの一室を借りて開業するとか，「貸し事務所」のように，事務所をもたず，電話番だけを業者に委託して営業する税理士も増えてきました。

　いわゆる**国税ＯＢ**と呼ばれる人は，すでに税務の経験は豊富にあるので，税理士登録後，すぐに開業できる人もいます。

２．社員税理士（税理士法人）

　開業税理士は個人事業者ですが，「**税理士法人**」という法人（会社）を作ることが平成14年から可能になりました。「税理士法人」とは税理士業務を組織的に行うことを目的として２人以上の税理士によって設立された法人をいいます。

　その税理士法人の設立者としての税理士登録が「**社員税理士**」といいます。その中でもトップとなる税理士を「代表社員」といいます。10〜20人くらいの税理士法人もあれば，700名近い税理士法人もあります。

３．補助税理士（勤務税理士）

　開業税理士の事務所や税理士法人に**勤務する税理士**を「**補助税理士**」といいます。所長に代わって税務調査に立ち会ったり，税務相談を受けたりすることもできます。税理士登録者の多くは，この「補助税理士」登録をし，その後「開業税理士」や友人の税理士と法人を作って「社員税理士」となります。

　「補助税理士」は，「勤務税理士」などと呼ばれることもありますが，正式には「補助税理士」です。税理士法の改正によって，この名称の変更も検討されています。

似たような呼び名で「企業内税理士」と呼ばれる人もいますが,「企業内税理士」は一般的には「開業税理士」が,一般企業に勤務しつつ個人として税理士業を行っている人をいいます。月曜から金曜まで,企業で働いて,ウイークエンドを開業税理士として働くのです。

ダブル・インカムはウエルカムですが,週末も休みがないとなりますと,家族だんらん・家族奉仕……独身なら週末のデートもあきらめなければなりません。でも,若い時に蓄積しておけば,老後の心配は減ります。

みなさんなら,どういう人生を選びますか。

7　税理士の業務

税理士の主な業務は「税務代理（税理士法2条1項1号）」,「税務書類の作成（同法2条1項2号）」,「税務相談（同法2条1項3号）」の3つがあります。これらは税理士法に定められ,税理士のみが行うことのできる業務です。税理士以外の人が行うと罰せられます。

(1) **税 務 代 理**
　　個人や法人の租税に関する申告や申請,不服申立てや税務署などが行う税務調査の立会いなどを,個人や法人に代わって行う業務

(2) **税務書類の作成**
　　所得税や法人税の確定申告書や租税に関する書類の作成を行う業務

(3) **税 務 相 談**
　　個人や法人の租税に関する相談に対し,適切な指導を行う業務

8 税理士事務所の開業

　税理士事務所を開業するためには，大体10年くらいはかかります。税理士試験の受験期間を含めると，もっと長くなります。税理士試験を5科目合格するのに，早い人で5年，長い人では15年くらいかかる人もいます。平均で7〜8年といったところでしょうか。

　受験をしながら税理士事務所に勤務し，実務経験を積む人が多いので，受験期間中に実務経験の要件はクリアすることができます。早く5科目合格した人は，実務経験が乏しいため，すぐに開業することは難しいです。そのため，受験期間を含め，最低でも10年くらいは誰かの税理士事務所や税理士法人に勤務して実力をつけます。

　税理士事務所に勤務しているうちは，所長や先輩にいろいろ相談したり判断を仰いだりすることができますが，開業するとそうはいきません。全て自分で調べ，自分で判断する必要があるため，どんな税目でも対応できるようにしっかりとした実務経験を積む必要があります。

　最近では，相続税に特化した事務所や特定の業種に特化した事務所もあります。皆さんが開業するのであれば，そうした特長をもった事務所を目指すことで，先輩税理士事務所との差別化を図ることも1つの戦略だと思います。

　顧問先がなければ収入もゼロなので，リスクはありますが，自分の努力次第で，顧問先を増やし，増えた売上がそのまま自分の収入となるので，やりがいのある仕事といえます。若い人でも「税理士」の肩書きがあれば，企業の社長や重役と直接やり取りをする場面も多く，こうした人生の大先輩から頼られる存在になるという点でも，やりがいのある仕事だといえます。

エピローグ

本書を読み終えた皆さんへ

租税と会計の話は，いったんここで終わりです。

「租税と会計の旅行」はいかがでしたか。税に関する新しい発見や使える知識に出会うことができたという読者もいるでしょうし，もっと詳しい税の世界を覗いてみたいという人や，早速，身近なところに事務所を構えている税理士に電話してみようという人もいることと思います。

税と会計が，これほど密接な関係にあることを知って，驚いた人もいそうです。そうです。税金も会計も，「お金」や「財産」のないところでは出番がありません。「お金」を稼いだり，「財産」を持っている人たち（会社も含めて）にとっては，税金は避けて通ることができません。

本書を読まれた皆さんなら，「税を納める」という義務との見返りに，「納税者としての権利」があることを知ったと思います。税は，国民や法人が納めるだけではなく，課税当局がそれを有効に活用して納税者に還元するというシステムなのです。

皆さんがこの本で，多少とも税に関する正しい知識を身につけることができたならば，執筆者一同，これ以上の幸せはありません。

本文の中でも書きましたが，税も会計も非常に複雑で，また，税法や会計基準がひんぱんに変わります。専門的な知識がないと，思わぬところで不利益を

被ることもあります。

　税と会計について，分からないことがあったり，専門家の意見を聞きたかったり，税務署から内容が理解できない通知が届いたりしたときは，まずは身近のところで事務所を構えている税理士・税理士法人に相談してみてください。

　全国の税理士・税理士法人は，**日本税理士会連合会のホームページで**，氏名・名称，事務所の所在地，電話番号などが公開されています（https://www.zeirishikensaku.jp/）。

　本書の巻末にも，全国の税理士会の住所と電話番号を載せていますので，税と会計について悩みごとや分からないことがありましたら，電話でもメールでも，ご相談ください。

　ちなみに，日本税理士会連合会の編集による『やさしい税金教室』では，次のような場合には，税理士に相談するように勧めています。

・事業を始めたい，会社を設立したい……
・個人事業を法人にしたい……
・帳簿のつけ方が分からない……
・今まで自分で確定申告をしてきたが，どうも難しくて……
・株式を売却して損が出たが……
・不動産を買い換えたい……
・マイホームを手に入れた……
・子供に住宅資金を出してやりたいが……
・そろそろ相続対策を検討しなければ……
・親族が亡くなったが相続税はどうなるのだろうか……
・離婚で財産分与をするのだが……
・消費税の納税義務があるかどうか分からない……

どれかに該当するときは，まず，電話してみましょう。

　話が複雑であったり，継続的に相談する必要があったり，税金の額がおおきいか，関係者が多数になるといった場合には，税理士・税理士法人と**顧問契約**を結んだり，**相談料**を決めることも必要になります。顧問料や相談料は報酬規定や標準規定がありませんので，複数の事務所と相談するとか，顧問契約や相談内容にふさわしい金額を提示する事務所にお願いするなど，納税者が決める必要があります。

お 願 い

　本書は，最新の税制・税法・会計基準に基づいていますが，入門書としての性格上，あまり詳しいことまでは書いてありません。また，税法や会計基準が変わることもありますので，詳しいことは各地の税務署か税理士にご相談下さい。

　全国の税理士会の住所と電話番号を巻末の「付録」に掲載しましたのでご利用下さい。

　日本税理士会連合会のホームページから，身近な地域の税理士事務所を探すこともできます。
https://www.zeirishikensaku.or.jp/

資料編

(1) 損益計算書と貸借対照表

(2) 国の収入(歳入)と支出(歳出)

(3) 法人所得課税の実効税率の国際比較

(4) 所得税の税額表

(5) 給与所得の速算表

(6) 税に関する相談

(7) 全国税理士会一覧

損益計算書

損益計算書
（平成24年４月１日から平成25年３月31日まで）　　　（単位：千円）

科　　　　目	金	額
売　　上　　高		11,740,376
売　　上　原　価		9,182,275
売　上　総　利　益		2,558,101
販売費及び一般管理費		2,098,689
営　　業　　利　　益		459,411
営　業　外　収　益		
受　　取　　利　　息	1,729	
受　　取　配　当　金	35	
為　　替　　差　　益	16,758	
受　　取　補　償　金	5,750	
受　　取　助　成　金	4,795	
そ　　　の　　　他	2,029	31,099
営　業　外　費　用		
支　　払　　利　　息	4,622	
社　　債　　利　　息	583	
デリバティブ評価損	47,990	
株　　式　交　付　費	9,418	
株　　式　公　開　費用	7,515	70,129
経　　常　　利　　益		420,381
特　　別　　利　　益		
固　定　資　産　売　却　益	838	
投　資　有　価　証　券　売　却　益	1,001	1,840
特　　別　　損　　失		
固　定　資　産　除　却　損	450	
移　転　関　連　費　用	1,850	2,300
税　引　前　当　期　純　利　益		419,920
法人税，住民税及び事業税		196,261
法　人　税　等　調　整　額		△ 12,695
当　期　純　利　益		236,354

貸借対照表

貸借対照表
（平成25年3月31日現在）　　　　　　　　　　　　　　　　　　（単位：千円）

資産の部		負債の部	
科目	金額	科目	金額
流動資産	5,120,591	流動負債	3,670,042
現金及び預金	1,667,288	買掛金	2,886,839
受取手形	285,697	1年以内償還予定の社債	50,000
売掛金	2,497,484	短期借入金	50,000
商品	360,146	1年以内返済予定の長期借入金	126,609
前渡金	808	未払金	61,806
前払費用	22,276	未払法人税等	123,000
繰延税金資産	44,440	未払消費税等	17,365
受託開発仕掛勘定	194,971	預り金	9,730
その他	51,327	賞与引当金	79,122
貸倒引当金	△ 3,850	借受受託開発補助金勘定	218,502
固定資産	349,306	その他	47,067
有形固定資産	114,610	固定資産	130,989
建物	23,456	長期借入金	26,044
構築物	63	退職給付引当金	52,787
機械装置	27,167	役員退職慰労引当金	52,158
車両運搬具	2,991	負債合計	3,801,032
工具器具備品	60,932	純資産の部	
無形固定資産	46,354	株主資本	1,669,055
ソフトウエア	44,602	資本金	324,613
その他	1,752	資本剰余金	294,908
投資その他の資産	188,341	資本準備金	294,908
投資有価証券	52,979	利益剰余金	1,049,706
出資金	160	利益準備金	4,710
長期前払費用	15	その他利益剰余金	1,044,996
差入保証金	85,391	特別償却準備金	2,265
繰延税金資産	41,960	別途積立金	250,000
その他	7,834	繰越利益剰余金	792,731
		自己株式	△ 173
		評価・換算差額等	△ 189
		その他有価証券評価差額金	△ 189
		純資産合計	1,668,865
資産合計	5,469,897	負債純資産合計	5,469,897

■ 国の収入【一般会計平成24年度歳入予算（当初予算）】

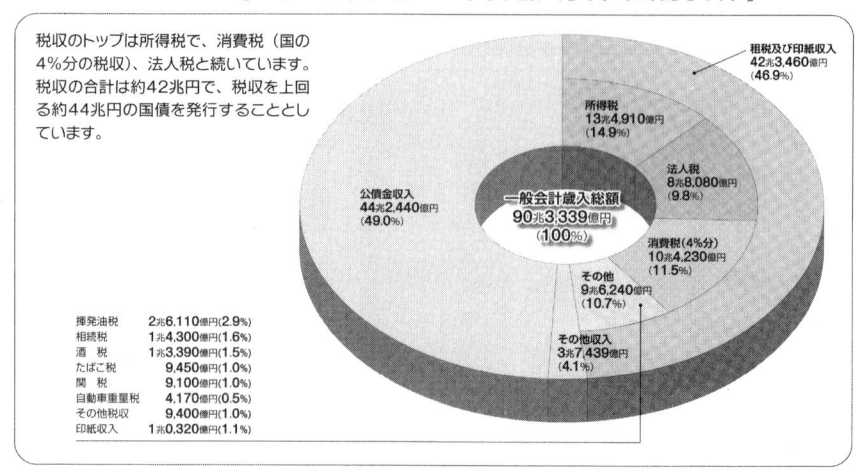

税収のトップは所得税で、消費税（国の4％分の税収）、法人税と続いています。税収の合計は約42兆円で、税収を上回る約44兆円の国債を発行することとしています。

一般会計歳入総額 90兆3,339億円（100%）

- 租税及び印紙収入 42兆3,460億円（46.9%）
  - 所得税 13兆4,910億円（14.9%）
  - 法人税 8兆8,080億円（9.8%）
  - 消費税（4％分）10兆4,230億円（11.5%）
  - その他 9兆6,240億円（10.7%）
- その他収入 3兆7,439億円（4.1%）
- 公債金収入 44兆2,440億円（49.0%）

- 揮発油税　2兆6,110億円（2.9%）
- 相続税　　1兆4,300億円（1.6%）
- 酒　税　　1兆3,390億円（1.5%）
- たばこ税　　9,450億円（1.0%）
- 関　税　　　9,100億円（1.0%）
- 自動車重量税　4,170億円（0.5%）
- その他税収　　9,400億円（1.0%）
- 印紙収入　1兆0,320億円（1.1%）

■ 国の支出（一般会計歳出）　（平成24年度当初予算）

1番多いのは社会保障関係費（年金・医療・介護などの費用）で約29％、2番目が国債費（国債の償還や利払い費）で約24％、3番目が地方交付税交付金等（地方公共団体への助成金等）で約18％、これだけで支出の約72％を使っています。国の消費税は、社会保障関係費の中で、基礎年金・老人医療・介護の費用に充てられています。

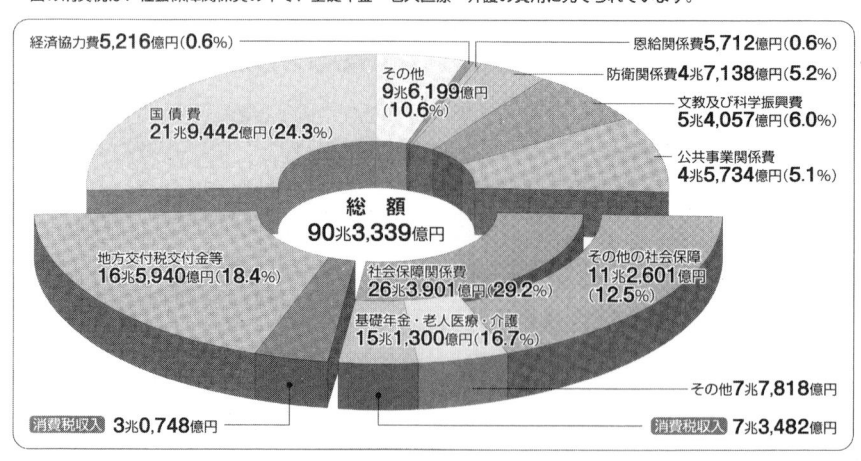

総額 90兆3,339億円

- 経済協力費 5,216億円（0.6%）
- 恩給関係費 5,712億円（0.6%）
- 防衛関係費 4兆7,138億円（5.2%）
- 文教及び科学振興費 5兆4,057億円（6.0%）
- 公共事業関係費 4兆5,734億円（5.1%）
- その他 9兆6,199億円（10.6%）
- 国債費 21兆9,442億円（24.3%）
- 地方交付税交付金等 16兆5,940億円（18.4%）
- 社会保障関係費 26兆3,901億円（29.2%）
  - 基礎年金・老人医療・介護 15兆1,300億円（16.7%）
  - その他の社会保障 11兆2,601億円（12.5%）
  - その他 7兆7,818億円

消費税収入 3兆0,748億円　　　消費税収入 7兆3,482億円

法人所得課税の実効税率の国際比較

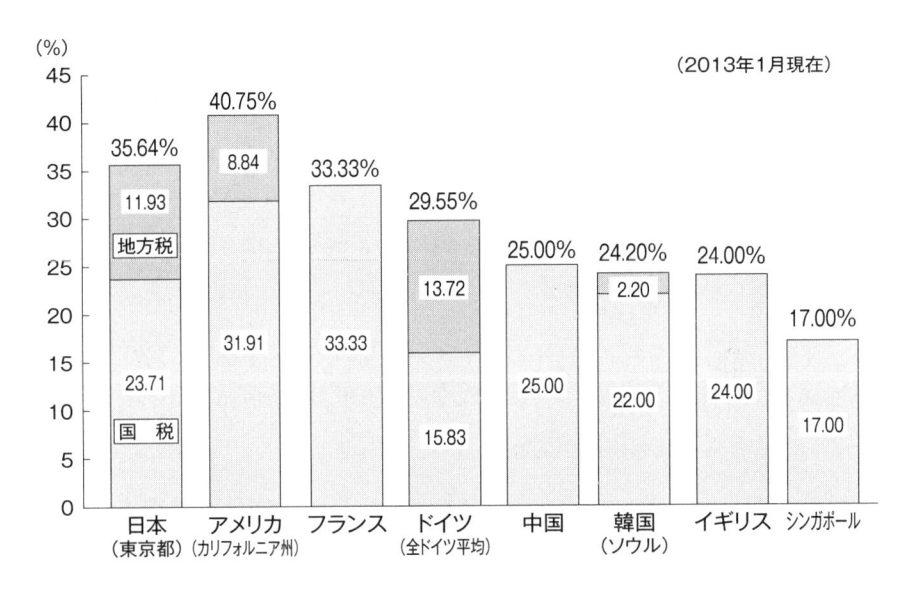

(2013年1月現在)

国	実効税率	国税	地方税
日本（東京都）	35.64%	23.71	11.93
アメリカ（カリフォルニア州）	40.75%	31.91	8.84
フランス	33.33%	33.33	—
ドイツ（全ドイツ平均）	29.55%	15.83	13.72
中国	25.00%	25.00	—
韓国（ソウル）	24.20%	22.00	2.20
イギリス	24.00%	24.00	—
シンガポール	17.00%	17.00	—

◎ 平成25年分　所得税の税額表〔求める税額＝Ⓐ×Ⓑ－Ⓒ〕

Ⓐ 課税される所得金額	Ⓑ 税率	Ⓒ 控除額
1,000円から　1,949,000円まで	5%	0円
1,950,000円から　3,299,000円まで	10%	97,500円
3,300,000円から　6,949,000円まで	20%	427,500円
6,950,000円から　8,999,000円まで	23%	636,000円
9,000,000円から　17,999,000円まで	33%	1,536,000円
18,000,000円以上	40%	2,796,000円

（注）　変動所得や臨時所得に対する平均課税の適用を受ける場合の調整所得に対する税額もこの表で求めます。

《計算例》　「課税される所得金額」が650万円の場合の税額
　　　　6,500,000円×0.2－427,500円＝872,500円

◎ 平成25年分　給与所得の速算表

給与等の収入金額の合計額		給与所得の金額	給与等の収入金額の合計額		給与所得の金額	
から	まで		から	まで		
650,999円まで		0円	円	円	給与等の収入金額の合計額を「4」で割って千円未満の端数を切り捨ててください。（算出金額：A）	「A×2.4」で求めた金額
円	円	給与等の収入金額から650,000円を控除した金額	1,628,000	1,799,999		「A×2.8－180,000円」で求めた結果
651,000	1,618,999		1,800,000	3,599,999		
1,619,000	1,619,999	969,000円	3,600,000	6,599,999		「A×3.2－540,000円」で求めた金額
1,620,000	1,621,999	970,000				
1,622,000	1,623,999	972,000	6,600,000	9,999,999	「収入金額×0.9－1,200,000円」で求めた金額	
1,624,000	1,627,999	974,000	10,000,000	14,999,999	「収入金額×0.95－1,700,000円」で求めた金額	
			15,000,000円以上		「収入金額－2,450,000円」で求めた金額	

《計算例》　「給与等の収入金額の合計額」が5,812,500円の場合の給与所得の金額
　① 　5,812,500円÷4＝1,453,125円
　② 　1,453,125円の千円未満の端数を切り捨てる　→　1,453,000円……A
　③ 　1,453,000円×3.2－540,000円＝4,109,600円

資　料　編

税に関する相談

税に関する相談は，窓口が幾つかあります。

国税庁

(1) 国税庁（国税局および国税事務所）が設置している「**電話相談センター**」
 ・ 最初に，最寄りの税務署に電話する。音声ガイダンスに従って操作すると，担当官につながります。
(2) **税務署**での相談
 ・ 電話での回答が困難な相談内容の場合には，面談にて相談を受け付けている。
 ・ 原則として，事前の予約が必要です。
(3) **タックスアンサー**（よくある税の質問）
 ・ インターネット上の税務相談室です。よくある質問に対する回答を税の種類ごとに調べることができる。
 ・ 国税庁のホームページから，または検索サイトで「タックスアンサー」と検索しても見ることができる。

公益社団法人日本税務研究センター

 ・ 当センターは，日本税理士会連合会と連携し，かつ全国税理士共栄会の支援を受けて税務相談室を設けています。
 ・ 税務相談
　　相談窓口　03-3492-6016
　　対　象　者：一般納税者および税理士会会員
　　　　　　　　東日本大震災で被災された方
　　相談税目：法人税，所得税，消費税，
　　　　　　　資産税（相続税・贈与税および譲渡所得）
　担当相談員：税理士
　　　相談料：無料

税理士事務所

- 都市部では，税理士の事務所（会計事務所，税理士事務所などという看板を掲げています）がたくさんあります。
- 見つからない場合は，電話帳で探すこともできますが，
- (1) 日本税理士会連合会のホームページから，身近な地域の税理士事務所を探すことができます。
- (2) 次に紹介する，全国の税理士会でも税理士を紹介してくれます。

資料編

全国税理士会一覧

日本税理士会連合会	東京都品川区大崎1－11－8 日本税理士会館8階	03－5435－0931
北海道税理士会	札幌市中央区北3条西20－10－1	011－621－7101
東北税理士会	仙台市青葉区上杉2－2－40	022－222－0503
東京税理士会	東京都渋谷区千駄ヶ谷5－10－6 税理士会館	03－3356－4461
東京地方税理士会	横浜市西区花咲町4－106 税理士会館7階	045－243－0511
関東信越税理士会	大宮市浅間町2－7	048－643－1661
北陸税理士会	金沢市北安江3－4－6	0762－23－1841
名古屋税理士会	名古屋市千種区覚王山道8－14 税理士会ビル4階	052－752－7711
東海税理士会	名古屋市中村区名駅南2－14－19 住友生命名古屋ビル22階	052－581－7508
近畿税理士会	大阪市中央区谷町1－5－1	06－6941－6886
中国税理士会	広島市中区袋町4－15	082－246－0088
四国税理士会	高松市番町2－7－12	0878－23－2515
九州税理士会	福岡市博多区博多駅南1－13－21 九州北部税理士会館3階	092－473－8761
南九州税理士会	熊本市大江5－17－5	096－372－1151
沖縄税理士会	那覇市前島2－21－13 ふそうビル10階	0988－62－5542

編著者のプロフィール

本郷孔洋（ほんごう　よしひろ）
公認会計士・税理士。辻・本郷税理士法人　理事長
神奈川大学中小企業経営経理研究所　客員教授

早稲田大学第一政治経済学部を卒業後，同大学大学院商学研究科修士課程を修了。商学修士。神奈川大学講師，東京理科大学講師，東京大学講師，環境省中央環境審議会専門委員などを歴任。

最近の主な著書
『経営ノート2013』東峰書房，2013年
『続「環境ビジネス」があしたを創る』東峰書房，2013年
『部下に贈る99の言葉』東峰書房，2013年
『経営ノート2012』東峰書房，2012年
『わかる！環境経営』ＰＨＰ研究所，2010年
『「会計的に見る」技術』宝島新書，2008年
『営業利益２割の経営』日本経営合理化協会2006年　他多数。

田中　弘（たなか　ひろし）
神奈川大学経済学部教授　博士（商学）（早稲田大学）

早稲田大学第一商学部を卒業後，同大学院商学研究科博士課程を修了。
公認会計士試験委員，大蔵省保険経理フォローアップ研究会座長，郵政省簡易保険経理研究会座長，ロンドン大学大学院（ＬＳＥ）客員教授などを歴任。

日本生命保険相互会社　社友。ホッカンホールディングス　独立委員会委員。
日本アクチュアリー会　客員。英国国立ウェールズ大学大学院東京校　教授。
神奈川大学中小企業経営経理研究所　所長。

最近の主な著書
『会計学はどこで道を間違えたのか』税務経理協会，2013年
『最初に読む会計学入門』（即戦力シリーズ），税務経理協会，2013年
『国際会計基準の着地点』税務経理協会，2012年
『経営分析―監査役のための「わが社の健康診断」』税務経理協会，2012年
他多数。

著者のプロフィール

戸田龍介（とだ　りゅうすけ）　CHAPTER 11(2)，CHAPTER 12
神奈川大学経済学部教授
神奈川大学中小企業経営経理研究所教授

九州大学大学院経済学研究科博士課程を修了

主な著書
『国際会計基準—世界の会計はどう変わるのか』税務経理協会，2013年
『国際会計基準を学ぶ』税務経理協会，2011年
『新会計基準を学ぶ（第2巻，第4巻）』税務経理協会，2008,2011年
『通説で学ぶ財務諸表論』（共著）税務経理協会，2009年
『明解　簿記・会計テキスト』（共著）白桃書房，2007年

藤田晶子（ふじた　あきこ）　CHAPTER 11(3)
明治学院大学教授　博士（経営学）（明治学院大学）
神奈川大学中小企業経営経理研究所客員教授

神戸商科大学大学院博士課程を修了

主な著書
『国際会計基準—世界の会計はどう変わるのか』（共著）税務経理協会，2013年
『無形資産会計のフレームワーク』中央経済社，2012年
『国際会計基準を学ぶ』（共著）税務経理協会，2011年
『基礎からわかる経営分析の技法』（共著）税務経理協会，2008年

『世界の会計学者—17人の学説入門』（訳）中央経済社，2007年

今田正紀（こんた　まさき）CHAPTER 3, 4, 6, 7
税理士，今田会計事務所所長
神奈川大学経済学部・同大学院講師
神奈川大学中小企業経営経理研究所客員教授
神奈川大学会計人会副会長
神奈川大学大学院経済学研究科修了。経済学修士
著書『税務会計入門』（共著）税務経理協会，2009年

井上　功（いのうえ　いさお）CHAPTER 6
税理士，井上会計事務所所長
神奈川大学中小企業経営経理研究所客員教授
神奈川大学会計人会副会長
神奈川大学経済学部・同大学院元講師
神奈川大学大学院経済学研究科修了。経済学修士
著書『税務会計入門』（共著）税務経理協会，2009年

早川　優（はやかわ　まさる）CHAPTER 1, 5
税理士，早川優税理士事務所所長
神奈川大学経済学部・同大学院講師
神奈川大学中小企業経営経理研究所客員教授
神奈川大学大学院経済学研究科修了。経済学修士

浅岡勇夫（あさおか　いさお）CHAPTER 8
　税理士，浅岡勇夫税理士事務所所長
愛知学泉大学講師，愛知産業大学監事
神奈川大学中小企業経営経理研究所客員教授
愛知学院大学大学院商学研究科修了。商学修士

四方田　彰（よもだ　あきら）　CHAPTER 9
税理士，四方田彰税理士事務所所長
神奈川大学経済学部・同大学院講師
神奈川大学中小企業経営経理研究所客員教授
神奈川大学大学院経済学研究科修了。経済学修士
著書『贈与税対策に生かす判例・裁決例45選（改訂版）』税務経理協会，2012年
『税務会計入門』（共著）税務経理協会，2009年　他

市川琢也（いちかわ　たくや）　CHAPTER 15
税理士，辻・本郷税理士法人
神奈川大学経済学部・同大学院講師
神奈川大学中小企業経営経理研究所客員研究員
神奈川大学大学院経済学研究科修了。経済学修士

石川孔紀（いしかわ　こうき）　資料編
アマノ株式会社を経て，現在，株式会社ＬＴＧ社長
神奈川大学中小企業経営経理研究所客員研究員
東洋大学経済学部卒業

田中和也（たなか　かずや）　資料編
東海大学政治経済学部
神奈川大学中小企業経営経理研究所幹事

本郷孔洋　プロローグ，CHAPTER 1, 2, 10, 14, エピローグ

田中　弘　プロローグ，CHAPTER 1, 2, 10, 11(1), 13, 14,
　　　　　エピローグ

編著者との契約により検印省略

平成25年11月1日　初版第1刷発行

即戦力シリーズ
税務会計の基礎

編 著 者	本　郷　孔　洋
	田　中　　　弘
発 行 者	大　坪　嘉　春
印 刷 所	税経印刷株式会社
製 本 所	株式会社　三森製本所

発　行　所　〒161-0033　東京都新宿区　　株式　税務経理協会
　　　　　　下落合2丁目5番13号　　　　会社

振　替　00190-2-187408　　電話　(03)3953-3301（編集部）
ＦＡＸ　(03)3565-3391　　　　　　(03)3953-3325（営業部）
URL　http://www.zeikei.co.jp/
乱丁・落丁の場合は，お取替えいたします。

Ⓒ　本郷孔洋・田中　弘　2013　　　　　　　　　　　Printed in Japan

本書を無断で複写複製(コピー)することは，著作権法上の例外を除き，禁じられています。
本書をコピーされる場合は，事前に日本複製権センター(JRRC)の許諾を受けてください。
JRRC〈http://www.jrrc.or.jp　eメール：info@jrrc.or.jp　電話：03-3401-2382〉

ISBN978-4-419-06046-6　C3034